Dr. iur. Tina Peter-Ruetschi

Das schweizerische Stockwerkeigentum

**Überblick
über die gesetzliche Regelung**

**Anhang:
Beispiel eines Reglementes –
Bundesgesetz –
Worauf ist vor dem Kauf einer
Eigentumswohnung zu achten**

D1726448

6., unveränderte Auflage 1987

Schulthess Polygraphischer Verlag Zürich

Die erste Auflage erschien im April 1964

© Schulthess Polygraphischer Verlag AG Zürich 1980
ISBN 3 7255 2111 5

INHALTSVERZEICHNIS

4

EINLEITUNG

Seit der 1. Auflage dieser Broschüre im Jahre 1964 sind 16 Jahre verstrichen. Mit grossem Interesse sahen damals die Befürworter des Stockwerkeigentums der Aufnahme des am 1. Januar 1965 in Kraft getretenen Gesetzes über das Stockwerkeigentum durch die Bevölkerung in der Schweiz entgegen. Heute darf man sagen, die wohldurchdachten und ausgewogenen Bestimmungen haben sich bewährt, ungeachtet weniger Auslegungsdifferenzen, die im Laufe der Zeit bereinigt werden können; insbesondere Eigentumswohnungen 'finden ihren Absatz entsprechend den wirtschaftlichen Verhältnissen. Jedoch scheint es tunlich zu sein, immer wieder auf die Hauptbeweggründe für die Einführung des Stockwerkeigentums hinzuweisen, da Stockwerkeigentum in gewissen Kreisen als reine kommerzielle Angelegenheit, als neue Geldanlage-Möglichkeit angesehen wird, z.B. statt Mehrfamilienhäuser zu kaufen, erwirbt man einzelne Wohnungen zur Vermietung.

Zweck und Ziel des Stockwerkeigentums sind jedoch, wie der Botschaft des Bundesrates an die Bundesversammlung vom 7. Dezember 1962 auszugsweise zu entnehmen ist:

"Die Erleichterung des Erwerbs eigenen Wohnraums für eine möglichst grosse Zahl von Familien, da wegen der hohen Kosten für Land und Baupreise für gewisse Angehörige des Mittelstandes, seien es Freierwerbende, Beamte, Angestellte oder Arbeiter, die Möglichkeit nicht mehr bestehe, ein eigenes Einfamilienhaus zu erwerben oder zu erstellen. Auch besteht besonders für die Gruppe der Handels- und Gewerbetreibenden ein grosses Interesse an eigenen Geschäfts- und Bürolokalitäten, da die Kündigung des Mietvertrages und allfälliger Ortswechsel nicht nur einen Verlust der ortsgebundenen Kundschaft, sondern auch einen finanziellen Verlust für die Aufwendung an teuren Einrichtungen bedeutet."

Mit dieser Schrift wird bezweckt, den Interessenten für das Stockwerkeigentum einen allgemeinen Überblick über die gesetzlichen Bestimmungen zu geben und solche Personen, die im Laufe der

Zeit eine eigene Wohnung, eigene Büroräume, eigene gewerbliche Räume zu kaufen gedenken, mit diesem Institut etwas vertraut zu machen, damit sie sich ein Bild machen können, was sie vom Stockwerkeigentum erwarten dürfen.

Die gesetzlichen Bestimmungen sind in unserem Zivilgesetzbuch untergebracht, und zwar grösstenteils in dessen 4. Teil, dem Sachenrecht. Sie finden sich dort jedoch nicht alle in einem eigenen Abschnitt zusammengefasst, sondern verteilt auf die Abschnitte über das Stockwerkeigentum (Art. 712 ff.) und über das Miteigentum (Art. 646 ff.).

Es wäre abschliessend noch zu erwähnen, dass die einzelnen Wohnungen und nicht zu Wohnzwecken dienenden Räume im Gesetz "Stockwerk" genannt werden. Für diese Ausdrucksweise ist es somit keinesfalls erforderlich, dass sich nur eine Wohnung auf einer Etage befindet; es können deren drei, vier und mehr sein.

1. ABSCHNITT

Allgemeine Bestimmungen

§ 1 Inhalt und Gegenstand des Stockwerkeigentums

I. Inhalt des Stockwerkeigentums
(Art. 712a Ziff. 1 ZGB)

Stockwerkeigentum ist nach der Umschreibung des Gesetzes der Miteigentumsanteil an einem Grundstück, der dem Miteigentümer das Sonderrecht gibt, bestimmte Teile eines Gebäudes ausschliesslich zu benutzen und innen auszubauen.

Der Ausgangspunkt für das Stockwerkeigentum ist somit das Miteigentum. Letzteres erfährt eine besondere Ausgestaltung, indem durch das Sonderrecht bestimmte Räumlichkeiten eines Gebäudes für den Eigengebrauch eines Miteigentümers von den weiterhin gemeinsam genutzten Teilen ausgeschieden werden.

Während ein gewöhnlicher Miteigentumsanteil nur einen ideellen, nicht fest umrissenen Teil an einem Gebäude darstellt, wird dieser durch die Ausgestaltung zu Stockwerkeigentum, für die durch das Sonderrecht erfassten Räumlichkeiten gegenständlich, für uns sichtbar gemacht.

Das Stockwerkeigentum verschafft aber den Miteigentümern kein besonderes Eigentum an den ihnen durch das Sonderrecht zugewiesenen Räumlichkeiten. Es liegt keine Ausscheidung von Eigentum, sogenanntes Sondereigentum vor, wie es z.B. in unseren Nachbarstaaten Deutschland, Frankreich und Italien der Fall ist. Nach dem schweizerischen Recht bleibt die ganze Liegenschaft mit allen ihren Räumlichkeiten im Miteigentum aller Stockwerkeigentümer.

II. Gegenstand des Stockwerkeigentums
(Art. 712b Abs. 1 ZGB)

Gegenstand des Sonderrechts können einzelne Stockwerke oder Teile desselben sein, wie:

1. eine Wohnung;
2. Geschäftsräume, z.b. Büroräume für Anwälte, Praxisräume für Ärzte;
3. gewerbliche Räume, z.b. Läden, eine Schreinerei, Schlosserei, Bäckerei, Ateliers einer Schneiderei oder eines Künstlers.

Die Zugehörigkeit dieser Räume zum Sonderrecht ist indessen an verschiedene Voraussetzungen gebunden:

1. Eine Wohnung muss in sich abgeschlossen sein, d.h. alle die Räume enthalten, die zur Führung eines Haushaltes notwendig sind: einen Wohnraum und eine Küche oder einen Wohnraum mit Kochgelegenheit (Kochnische), in der Regel eigene Wasserversorgung, Lavabo und Toilette. Diese Erfordernisse verunmöglichen die weitere Unterteilung der Wohnung in den meisten Fällen und somit ihre Unterteilung bei Erbschaften, was früher zu vielen Streitigkeiten führte.
2. Geschäfts- und gewerbliche Räume müssen eine Einheit bilden. So dürfen z.B. die Büroräume eines Stockwerkeigentümers nicht aufgeteilt zwischen denselben anderer Stockwerkeigentümer liegen.
3. Wohnungen und nicht zu Wohnzwecken dienende Räume, nämlich Büro- und Gewerberäume, müssen einen eigenen Zugang haben, u.a. direkt vom Freien auch durch einen Hof, vom Treppenhaus oder einem allgemein zugänglichen Korridor.

Zu einer Wohnung sowie zu Büro- und Gewerberäumen können gewisse getrennte Räume mit eigenem Zugang über gemeinschaftliche Teile gehören, nämlich: Mansarden, Estrich- und Kellerabteile und abschliessbare Einzelgaragen (in Einstellhallen dürfte die Abtrennung durch einen Drahtgeflechtszaun bis zur Decke — mindestens 2 m Höhe — für eine Autobox, die abschliessbar ist, als genügend angesehen werden).

Eine Ausnahme vom Erfordernis der Abgeschlossenheit wird für das vom früheren kantonalen Recht beherrschte Stockwerkeigentum gewährt (Anwendungs- und Einführungsbestimmungen, ZGB Art. 20bis).

Ergänzend wäre u.a. zu erwähnen, dass auch eine Einstellhalle für Autos als Stockwerkeinheit ausgeschieden und im Miteigentum aller Stockwerkeigentümer stehen kann. Eine Nutzungs- und Verwaltungsordnung über die Benützung der einzelnen Abstellplätze sollte aufgestellt und im Grundbuch angemerkt werden (Art. 647, Abs. 1 ZGB). In Anbetracht, dass dieses Miteigentum keinen dauernden Zweck erfüllt, ist die Aufhebung auf 30 Jahre auszuschliessen (Art. 650, Abs. 2 ZGB) und das Verkaufsrecht durch Vereinbarung wegzubedingen (Art. 682, Abs. 3 ZGB). Beide Vereinbarungen müssen öffentlich beurkundet und sollten im Grundbuch vorgemerkt werden. Die Miteigentumsanteile bleiben entweder selbständig oder werden subjektiv-dinglich mit einem Stockwerk verbunden (Art. 32 Grundbuch-Verordnung). Es sei noch darauf hingewiesen, dass für die Errichtung, sowie eine allfällige spätere Änderung der Nutzungs- und Verwaltungsordnung, als eine Vereinbarung der Miteigentümer, die Mitwirkung aller Miteigentümer erforderlich ist.

§ 2 Das Verhältnis von Sonderrecht zu gemeinschaftlichem Eigentum (gemeinschaftlich genutztem, unterhaltenem und verwaltetem Eigentum)
(Art. 712b Abs. 2 ZGB)

Ein Sonderrecht kann, wie soeben dargelegt wurde, nur ganz bestimmte Gegenstände eines Gebäudes umfassen. Alle anderen Teile der Liegenschaft, welche den Stockwerkeigentümern gemeinsam dienen, eine gemeinschaftliche Zweckbestimmung haben, bleiben im gemeinschaftlichen Eigentum und dürfen auch nicht durch eine Vereinbarung ins Sonderrecht übergeführt werden. Hierzu gehören:

1. der Boden der Liegenschaft. Falls der Boden durch die Miteigentümer im Baurecht erworben wurde, darf selbstverständlich auch daran kein Sonderrecht begründet werden.
2. die Bauteile, die für den Bestand und die Sicherheit (wie Fundament, tragende Mauern, Tragbalken, Dach) oder für die Räume anderer Stockwerkeigentümer (wie Säulen, die einen Oberbau tragen, nichttragende Mauern zwischen zwei Wohnungen) erforderlich sind, und die Bauteile, die das äussere Aussehen des Gebäudes (wie Balkone, Fensterläden) bestimmen.
3. die Anlagen und Einrichtungen, die dem gemeinschaftlichen Gebrauch der Stockwerkeigentümer dienen (wie Hauseingang, Treppenhaus, Waschküche).

Alle anderen Bestandteile können im Begründungsakt oder durch eine spätere Vereinbarung der Stockwerkeigentümer als gemeinschaftlich erklärt werden, wie z.B. ein Laden, ein Bastelraum für die Kinder der Stockwerkeigentümer, eine Wohnung für den Abwart.

Für die weder im Gesetz noch im Reglement oder einer Vereinbarung als gemeinschaftlich bezeichneten Bestandteile des Gebäudes gilt die Vermutung, dass sie zu Sonderrecht ausgeschieden sind. Es ist infolgedessen nicht notwendig, dass alle im Sonderrecht stehenden Bestandteile des Gebäudes sich in einem Verzeichnis genannt finden. Trotz der im Gesetz getroffenen Abgrenzung zwischen den Gegenständen im Sonderrecht und denjenigen im gemeinschaftlichen Eigentum empfiehlt es sich jedoch, eine diesbezügliche eingehende Aufstellung im Reglement zu machen. Dieses Vorgehen dürfte dazu dienen, dem Erwerber eines Stockwerks einen klaren Überblick über seinen Verfügungsbereich zu vermitteln und spätere Streitigkeiten unter den Stockwerkeigentümern über die Zugehörigkeit bestimmter Sachen zu vermeiden.

Durch das Sonderrecht werden somit in einem Gebäude, auch ohne Eigentumsausscheidung in Sondereigentum und gemeinschaftliches Eigentum, zwei Sphären geschaffen: eine rein private und eine gemeinschaftliche. Sonderrecht und Miteigentumsanteil sind untrennbar miteinander verbunden.

2. ABSCHNITT

Begründung und Untergang des Stockwerkeigentums

§ 3 Die Wertquote
(Art. 712e ZGB)

In einer Liegenschaft gibt es so viele Wertquoten/Anteile, als Stockwerke vorhanden sind. Die Wertquote vermittelt die Auskunft darüber, wie die Wertverhältnisse der einzelnen Stockwerke einer Baute zueinander stehen, und gleichzeitig, wie sich der Wert der einzelnen Stockwerke am Wert der ganzen Baute verhält. Sie ist somit eine Verhältniszahl. Dieser Bruchteil wird meist in Tausendsteln bezeichnet, bei Häusern mit wenig Stockwerken hin und wieder auch in Hundertsteln. Hat ein Gebäude z.b. 4 gleichwertige Stockwerke, so beträgt die Wertquote für jedes Stockwerk 250/1000.

Für die Festsetzung der Wertquoten bestehen keine gesetzlichen Vorschriften. Als Grundlage für deren Berechnung wird z.B. für eine Wohnung u.a. berücksichtigt: deren Grundfläche, deren Lage im Haus (z.B. Erdgeschosswohnung, Attikawohnung), Aussicht, Himmelsrichtung (Besonnung), Orientierung auf ruhige oder verkehrsreiche Strasse oder Garten. Ein Sachverständiger wird meist zur Ermittlung der Wertquote zugezogen. Es sei noch beigefügt, dass der Innenausbau eines Stockwerks für die Höhe der Wertquote nicht massgeblich ist.

Die Wertquote eines Stockwerks muss im Begründungsakt aufgeführt werden. Diese bildet u.a. die Grundlage der Beitrags-Berechnung an die Kosten und Lasten des gemeinschaftlichen Eigentums für jeden Stockwerkeigentümer. Es liegt deshalb im Interesse eines jeden Stockwerkeigentümers, dass seine Wertquote mit grosser Sorgfalt berechnet wurde.

Eine Änderung der Wertquote ist möglich:

1. auf Antrag eines Stockwerkeigentümers, welchem ein Anspruch auf Berichtigung zusteht, wenn seine Quote aus Irrtum unrichtig festgesetzt wurde oder infolge von baulichen Veränderungen des Gebäudes oder seiner Umgebung unrichtig geworden ist. Letzteres trifft z.b. zu, wenn eine andere Wohnung durch einen Anbau vergrössert oder wenn zu einem Stockwerk durch Aufkauf eine im gemeinschaftlichen Eigentum gewesene Garage zugeschlagen wurde;

2. bei Zustimmung aller umittelbar Beteiligten und der Genehmigung der Versammlung der Stockwerkeigentümer. Diese Zustimmung ist z.b. erforderlich, wenn die nichttragenden Scheidewände zwischen zwei Wohnungen verschoben werden sollen, wobei die eine Wohnung vergrössert, die andere verkleinert wird. Eine solche Verschiebung stellt überdies einen Grundstückkauf dar, und die hiefür erforderlichen gesetzlichen Bestimmungen sind anzuwenden.

Jede Änderung der Wertquote muss auf dem Grundbuchamt angemeldet werden zwecks Berichtigung des Eintrags und des Planes.

Wertquote und Anteil entsprechen einander insofern, als beide dieselbe Bruchzahl für ein Stockwerk aufweisen. Sie unterscheiden sich jedoch dadurch, dass die Wertquote eine Verhältniszahl ist, während der Anteil, als gegenständlich ein Stockwerk verkörpert, verbunden mit dem ideellen Miteigentumsanteil am gemeinschaftlichen Eigentum, verkauft werden kann entsprechend seinem Verkehrswert. Diese Unterscheidung von Wertquote und Anteil wird dann von Belang sein, wenn Miteigentümer an ihrer Liegenschaft Stockwerkeigentum begründen wollen, was sich bei Erbschaften als oft einzig befriedigende Aufteilung erweist. Als Beispiel hiefür sei angeführt: 5 Miteigentümer haben gleiche Anteile an einem Mehrfamilienhaus mit 5 Wohnungen, nämlich zwei 5-Zimmerwohnungen und drei 3-Zimmerwohnungen. Sie beabsichtigen nun, ihre Liegenschaft ins Stockwerkeigentum zu überführen. Die errechneten Wertquoten weichen wesentlich von der bisherigen Anteilsverteilung ab. Letztere als Grundlage für die Wertquote zu bewahren, wäre jedoch wenig zweckmässig aus den bereits erwähnten Gründen. Zum Ausgleich an eine Anpassung, nämlich, dass Wertquoten und Anteile gleiche Bruchzahlen aufweisen, müssen die Stockwerkeigentümer mit höheren Wertquoten an diejenigen mit niedrigeren Wertquoten entsprechende Ausgleichszahlungen (auch in Form von Wertpapieren oder anderen Wertgegenständen) leisten.

§ 4 Die Begründung von Stockwerkeigentum
(Art. 712d ZGB)

Das Stockwerkeigentum wird durch Eintragung ins Grundbuch begründet. (Jedes Stockwerk erhält ein eigenes Grundbuchblatt.) Um diesen Eintrag verlangen zu können, sind verschiedene gesetzliche Vorschriften einzuhalten. Es muss ein zweiseitiges oder einseitiges Rechtsgeschäft, ein Rechtsgrund, vorliegen, nämlich:

1. ein Vertrag der Miteigentümer über die Ausgestaltung ihrer Miteigentumsanteile zu Stockwerkeigentum

oder

2. eine Erklärung des Eigentümers einer Liegenschaft oder des Inhabers eines selbständigen und dauernden Baurechts über die Bildung von Miteigentumsanteilen und deren Ausgestaltung zu Stockwerkeigentum.

Dieses Rechtsgeschäft bedarf zu seiner Gültigkeit der öffentlichen Beurkundung. Für die Verfügung von Todes wegen und den Erbteilungsvertrag sind die Formvorschriften des Erbrechts massgebend. Für die Eintragung wird überdies entsprechend den kantonalen Vorschriften eine Bescheinigung der Abgeschlossenheit des Stockwerks von den hiefür bestimmten Instanzen beizubringen sein.

Im Begründungsakt oder nachheriger Vereinbarung resp. einstimmigem Beschluss aller Stockwerkeigentümer sind auch Abweichungen vom Gesetzestext zugelassen, u.a.:

1. Überführung von Bestandteilen des Gebäudes vom Sonderrecht ins gemeinschaftliche Eigentum (Art. 712b Abs. 3 ZGB)

2. Errichtung eines Vorkaufsrechts (Art. 712c Abs. 1 ZGB)
3. Veräusserungsbeschränkung (Art. 712c Abs. 2 ZGB)
4. Änderung von Bestimmungen über Beschlussfassung (Art. 712g Abs. 2 ZGB)
5. Änderung der Zweckbestimmung (Art. 648 Abs. 2 ZGB).

I. Vertrag der Miteigentümer über die Gestaltung ihrer Miteigentumsanteile zu Stockwerkeigentum

Um dieses zweiseitige Rechtsgeschäft abzuschliessen, ist also bereits das Bestehen von Miteigentum erforderlich.

In diesem Vertrag, dem Begründungsakt, müssen nachstehende Angaben nach dem Gesetz enthalten sein:

1. der Anteil eines jeden Stockwerks in Hundertsteln oder Tausendsteln des Wertes der Liegenschaft oder des Baurechts (Wertquote);
2. die räumliche Ausscheidung des Anteils eines jeden Stockwerks (Ausscheidung derjenigen Teile des Gebäudes, an welchen der Stockwerkeigentümer das ausschliessliche Nutzungs- und Gebrauchsrecht hat, wie z.B. 4-Zimmerwohnung im 1. Stock, ein Estrich- und Kellerabteil (auf Plan unter Nr. 3), eine Mansarde (auf Plan unter Nr. 3).

Ein Aufteilungsplan für die räumliche Lage, Abgrenzung und Zusammensetzung des Stockwerks ist für fertiggestellte Gebäude nicht vorgesehen. Die Eintragung von Stockwerkeigentum vor Erstellung des Gebäudes kann jedoch nur verlangt werden, wenn mit der Anmeldung der Aufteilungsplan und die Baubewilligung eingereicht werden (GrbVO 33c).

Sofern jedoch noch kein Miteigentum besteht und die Erwerber einer Liegenschaft oder eines Baurechts an einer Liegenschaft Miteigentum begründen und dieses zu Stockwerkeigentum ausgestalten wollen, kann dies in derselben Vertragsurkunde geschehen.

Dieses zweiseitige Rechtsgeschäft hat einen verhältnismässig kleinen Anwendungsbereich und spielt für die Begründung von Stockwerkeigentum eine untergeordnete Rolle. Zu diesem Vertrag wird meist dann gegriffen, wenn eine kleinere Anzahl von Personen ein Grundstück im Miteigentum erworben hat mit der Absicht, ein Haus darauf zu erstellen und z.B. je eine bestimmte Wohnung im Stockwerkeigentum zu übernehmen. Dieses Vorgehen ermöglicht auch Personen mit kleineren Mitteln, sich selbst eine eigene Wohnung zu bauen und von allem Anfang an nach den eigenen Wünschen zu planen.

Auf der Grundlage eines solchen Vertrages kann auch ein im Miteigentum stehendes Wohn- oder Geschäftshaus von den Miteigentümern ins Stockwerkeigentum überführt werden, wobei sie entweder alle Wohnungen oder nicht Wohnzwecken dienende Räume durch Sonderrecht ausscheiden oder einige Stockwerke im gemeinschaftlichen Eigentum belassen. Wünschen z.B. vier Miteigentümer mit vier gleich grossen Anteilen eine Liegenschaft mit vier gleichwertigen Wohnungen und einem Laden unter sich aufzuteilen, wobei ein jeder für sich nur eine Wohnung übernehmen will, so bestehen für die Aufteilung des Ladens u.a. zwei Möglichkeiten:

1. Sie bestimmen im Vertrag, dass der Laden im gemeinschaftlichen Eigentum verbleibe. In diesem Fall ändern sich weder ihre Miteigentumsanteile noch ihre Wertquoten. Diese sind identisch und betragen je 250/1000.

2. Sie wollen den Laden ausscheiden, um ihn vielleicht später einmal verkaufen zu können. Einstweilen beabsichtigen sie jedoch, denselben im Miteigentum zu übernehmen und ihn an eine Drittperson zu vermieten. In diesem Fall ist es erforderlich, die Wertquote des Ladens festzustellen und einen fünften Miteigentumsanteil zu schaffen. Angenommen, der Laden sei gleichwertig wie eine der Wohnungen, so ergibt sich eine Herabsetzung der Wertquoten auf 200/1000 bei fünf Miteigentumsanteilen. Der Laden, der im Miteigentum der Stockwerkeigentümer bleibt, gehört jedem zu einem Viertel, in welchem Verhältnis sie auch einen Anspruch auf den Ertrag aus den Mietzinsen haben. Was die gemeinschaftlichen Kosten und Lasten betrifft, so hat ein jeder

der Stockwerkeigentümer einen Beitrag nach Massgabe der Wertquote von 200/1000 für sein Stockwerk und von 50/1000 für den Laden zu leisten.

Auch Erben, die eine Liegenschaft unter sich aufteilen wollen, werden sich mit Vorteil dieses zweiseitigen Rechtsgeschäftes bedienen.

II. Erklärung des Eigentümers einer Liegenschaft oder des Inhabers eines Baurechts

Diese Erklärung für den Eintrag im Grundbuch muss dem Notar schriftlich eingereicht werden und dieselben Angaben enthalten, wie sie für den Vertrag der Miteigentümer vorgeschrieben sind.

1. Anzahl der Miteigentumsanteile;
2. Höhe der Wertquote jedes einzelnen Stockwerks;
3. räumliche Ausscheidung jedes Stockwerks (entsprechender Aufteilungsplan, sofern die Eintragung von Stockwerkeigentum vor Erstellung des Gebäudes erfolgt);

Eine öffentliche Beurkundung ist erforderlich.

Dieses einseitige Rechtsgeschäft spielt für die Begründung von Stockwerkeigentum eine bedeutende Rolle und hat einen ansehnlichen Anwendungsbereich. Zu diesem Rechtsgeschäft greift u.a. der Bauherr, der seine Wohnungen im Stockwerkeigentum verkaufen will; die Eltern, die zu Lebzeiten oder durch letztwillige Verfügung ihren Kindern eine eigene Wohnung oder eigene Büroräume geben möchten; ein älteres Ehepaar, das sein Haus wegen der mühseligen Verwaltung und des kostspieligen Unterhalts verkaufen, sich aber weiterhin eine eigene Wohnung darin sichern möchte.

Der Bauherr z.B. setzt nach Fertigstellung des Hauses oder bereits anhand der Baupläne und Baukosten die Wertquote für jedes einzelne Stockwerk fest. Diese entspricht der Höhe des Miteigentums-

anteils. Nachdem er die Erklärung unter Erwähnung all der aufgeführten Punkte abgegeben hat, wird er die Stockwerke zur Eintragung im Grundbuch anmelden und ein Reglement (Nutzungs-
und Gebrauchsordnung), das vorgängig ausgearbeitet wurde, im
Grundbuch anmerken lassen. Einstweilen sind alle Miteigentumsanteile in seiner Hand vereinigt und damit ist die Grundlage geschaffen, um die einzelnen Stockwerke zu verkaufen.

§ 5 Der Untergang des Stockwerkeigentums

I. Gründe für den Untergang
(Art. 712f ZGB)

Nach dem Gesetz steht jedem Miteigentümer das Recht zu, die
Aufhebung des Miteigentums zu verlangen. Der Stockwerkeigentümer dagegen hat dieses Recht nur in besonderen Fällen. Diese
Beschränkung ergibt sich aus dem Zweck des Stockwerkeigentums,
Eigenheime, eigene Büro- und Gewerberäume zu schaffen. Um dies
zu erreichen, muss das Stockwerkeigentum zeitlich unbegrenzt
sein, sofern nicht triftige Gründe für dessen Untergang vorliegen,
nämlich:

1. Untergang der Liegenschaft oder des Baurechts und Löschung
   im Grundbuch. Ein solcher Untergang liegt z.B. vor, wenn Häuser durch einen Bergsturz zerstört werden und die ganze Umgebung unbewohnbar wird oder wenn Häuser mit einer Ufer-
   partie in den See abgleiten.
2. Aufhebungsvereinbarung aller Stockwerkeigentümer. Darauf gestützt darf die Löschung im Grundbuch verlangt werden. Ein
   Fall für eine solche Vereinbarung wäre z.B., wenn sich die
   Renovation des Hauses nicht mehr lohnt, dieses aber wegen des
   hohen Bodenwertes günstig verkauft werden könnte.
3. Vereinigung aller Miteigentumsanteile in der Hand eines Stockwerkeigentümers. Dieser darf die Löschung des Stockwerkeigentums im Grundbuch verlangen. Ein solcher Fall könnte dann z.B.

eintreffen, wenn den Stockwerkeigentümern ein Vorkaufsrecht eingeräumt wird.

In den Fällen zwei und drei ist für die Löschung des Stockwerkeigentums im Grundbuch die Genehmigung der Hypothekargläubiger erforderlich, sofern deren Rechte nicht ohne Nachteile auf das ganze Grundstück übertragen werden können.

4. Zerstörung der Liegenschaft. Wurde das Gebäude zu mehr als der Hälfte seines Wertes — für die Wertberechnung ist nur der Wert des Gebäudes, nicht auch Grund und Boden massgebend — zerstört, z.b. durch Feuersbrunst, so kann jeder Stockwerkeigentümer die Aufhebung des Stockwerkeigentums verlangen, sofern der Wiederaufbau eine für ihn schwer tragbare Belastung bedeuten sollte. Sind jedoch die Kosten des Wiederaufbaues durch Versicherungen ganz oder teilweise gedeckt oder ist das Gebäude nur zur Hälfte oder zu weniger als der Hälfte seines Wertes zerstört und scheint der erforderliche Kostenaufwand für die Stockwerkeigentümer tragbar, so kann der Wiederaufbau entsprechend dem Fall als eine notwendige bauliche Massnahme gemäss Art. 647c ZGB mit der Mehrheit aller Stockwerkeigentümer beschlossen oder von jedem einzelnen verlangt werden gemäss Art. 647 Abs. 2 Ziff. 1 ZGB.

Sofern die Voraussetzungen für die Aufhebung des Stockwerkeigentums gegeben sind, können diejenigen Stockwerkeigentümer, welche die Gemeinschaft fortzusetzen wünschen, die Aufhebung abwenden durch Abfindung bzw. Auskauf der übrigen auf Grundlage der Schätzung durch eine dafür zuständige Person.

Besteht Stockwerkeigentum an einem im Baurecht erstellten Gebäude, so endet dieses mit Ablauf des Baurechtsvertrages. Dann fällt das Gebäude dem Grundeigentümer anheim, indem es zu einem Bestandteil seines Grundstücks wird (Art. 779c ZGB).

II. Art der Verteilung
(Art. 651 ZGB)

Liegt eine Aufhebungsvereinbarung vor oder hat bei Zerstörung des Gebäudes kein Stockwerkeigentümer Interesse daran, den Wiederaufbau vorzunehmen, so erfolgt die Teilung durch freihändigen Verkauf oder auf dem Wege der Versteigerung, wobei der Erlös im Verhältnis zur Höhe der Wertquoten unter den Stockwerkeigentümern verteilt wird.

Können sich die Stockwerkeigentümer über die Art der Aufhebung nicht einigen, so wird auf Anordnung des Richters die Sache öffentlich oder unter den Stockwerkeigentümern versteigert.

3. ABSCHNITT

Die Gemeinschaft der Stockwerkeigentümer

§ 6 Rechte und Pflichten der Stockwerkeigentümer

Das Stockwerkeigentum, das u.a. eine neue Form des Eigenheims schafft, muss nach Möglichkeit so gestaltet sein, dass sich der Stockwerkeigentümer in seinen eigenen vier Wänden zu Hause als sein eigener Herr und Meister fühlt. Das bringt mit sich, dass ihm einerseits so weitgehende Befugnisse und eine so grosse Unabhängigkeit, als es sich im Interesse der Gemeinschaft verantworten lässt, eingeräumt, andererseits aber auch Verpflichtungen auferlegt werden.

Rechte und Pflichten der Stockwerkeigentümer sowohl in seinem eigenen Bereich als gegenüber der Gemeinschaft sind im Gesetz eingehend umschrieben, können aber durch Vereinbarung ergänzt, zum Teil auch aufgehoben werden.

I. Rechte des Stockwerkeigentümers

1. Rechte im Bereiche seines Stockwerks
(Art. 712a Abs. 2 und Art. 641 ZGB)

a) Allgemeines:

Der Stockwerkeigentümer kann innerhalb der Schranken der Rechtsordnung über seine Räume nach seinem Belieben verfügen. Er hat das Recht, sein Stockwerk von jedem, der es ihm vorenthält, herauszuverlangen und jede ungerechtfertigte Einmischung von Drittpersonen abzuwehren.

b) Einzelne Rechte:

1. Benutzung: Dem Stockwerkeigentümer steht es zu, sein Stockwerk selbst zu bewohnen oder dort nur eine geschäftliche oder gewerbliche Tätigkeit auszuüben, dieses zu vermieten oder zu verpachten. Er kann einer Drittperson eine Nutzniessung oder ein Wohnrecht an seiner Wohnung einräumen. Auch ist es möglich, an einem Stockwerk Miteigentum zu begründen, indem z.b. die Eltern ihren Kindern je einen Miteigentumsanteil an einer Wohnung schenken, und so Geschwister als Miteigentümer eine Wohnung gemeinsam bewohnen.

2. Verwaltung: Jeder Stockwerkeigentümer ordnet die notwendigen Reparaturen für sein Stockwerk selber an. Er kann nach seinem Gutdünken auf sein Stockwerk Hypotheken aufnehmen oder sie zurückbezahlen.

3. Bauliche Ausgestaltung: Der Stockwerkeigentümer darf bauliche Ausgestaltungen (Veränderungen, Ergänzungen und Beseitigungen) innerhalb seines Stockwerks in dem Ausmass vornehmen, als er dadurch die Ausübung des gleichen Rechts eines anderen Stockwerkeigentümers nicht erschwert und die gemeinschaftlichen Bauteile, Anlagen und Einrichtungen in keiner Weise beschädigt oder in ihrer Funktion und äusseren Erscheinung beeinträchtigt. Er darf z.B. nichttragende Wände zwischen zwei Zimmern entfernen, um einen grösseren Raum zu gewinnen, diese nur versetzen, um eine andere Raumgestaltung zu erhalten, oder einen Raum durch eine Wand unterteilen. Um eine Küche zu verlegen oder ein zweites Badezimmer einzubauen, benötigt er die Einwilligung der Stockwerkeigentümer, deren Stockwerke durch den Umbau in Mitleidenschaft gezogen werden.

2. Rechte gegenüber der Gemeinschaft
(Art. 648 Abs. 1 ZGB)

Jeder Stockwerkeigentümer ist u.a. befugt, die gemeinschaftliche Sache, wie Treppenhaus und Hauseingang, insoweit zu gebrauchen und zu nutzen, als es mit den Rechten der anderen vereinbar ist. Er darf an der Verwaltung des gemeinschaftlichen Eigentums teilnehmen.

Hinsichtlich der Verwaltung stehen ihm u.a. folgende Rechte zu, die weder durch Vertrag noch durch Vereinbarung aufgehoben oder beschränkt werden können:

1. zu verlangen, dass die für die Erhaltung des Wertes und der Gebrauchsfähigkeit der Sache notwendigen Verwaltungshandlungen durchgeführt und nötigenfalls vom Richter angeordnet werden (z.b. wenn sich eine Mehrheit aus mangelnder Einsicht vor dem Kostenaufwand scheut oder lediglich aus egoistischen Gründen gegen eine Dachreparatur ausspricht, da sie durch den Schaden nicht benachteiligt wird) (Art. 647 Abs. 2 Ziff. 1 ZGB).
2. von sich aus auf Kosten aller Miteigentümer die Massnahmen zu ergreifen, die sofort getroffen werden müssen, um die Sache vor drohendem oder wachsendem Schaden zu bewahren (z.b. bei Rohrbruch einer Wasserleitung: Alle Stockwerkeigentümer haben nach Massgabe ihrer Wertquoten dafür aufzukommen) (Art. 647 Abs. 2 Ziff. 2 ZGB).
3. die Aufstellung eines Reglements über Verwaltung und Benutzung zu verlangen (Art. 712g Abs. 3 ZGB).
4. die Einsetzung eines Verwalters zu verlangen (Art. 712q ZGB).

II. Pflichten des Stockwerkeigentümers

1. Pflichten im Bereiche seines Stockwerks
(Art. 712a Abs. 3, Art. 712h Abs. 1 ZGB)

1. Der Stockwerkeigentümer ist verpflichtet, seine Räume so zu unterhalten, wie es zur Erhaltung des Gebäudes in einwandfreiem Zustand und gutem Aussehen erforderlich ist. So muss er z.B. eine schadhafte Wasserleitung in seinem Stockwerk sofort reparieren lassen, um Feuchtigkeitsflecken an der unteren Zim-

merdecke zu vermeiden. Defekte Fensterscheiben müssen ersetzt und die Fenster gereinigt werden.

2. Falls sich Reparaturen für das gemeinschaftliche Eigentum oder für ein anderes Stockwerk als nötig erweisen, die das Betreten seiner Wohnung erfordern, müssen die Arbeiter zum Vornehmen der Arbeiten zugelassen werden; allenfalls ist eine gewisse Entschädigung dafür zu bezahlen.

2. Pflichten gegenüber der Gemeinschaft

1. Jeder Stockwerkeigentümer und seine Hausgenossen sind verpflichtet, das gemeinschaftliche Eigentum mit Sorgfalt zu nutzen und irgendwelche Beschädigungen zu vermeiden.
2. Jeder Stockwerkeigentümer ist verpflichtet, darauf zu achten, dass innerhalb und ausserhalb seines Stockwerks keine unnötigen Störungen durch Lärm verursacht werden, z.B. durch Radio auf hoher Lautstärke gespielt, lärmige Gesellschaft zur Nachtzeit usw. Es soll alles veranlasst werden, um ein ruhiges Wohnen zu ermöglichen.
3. Jeder Stockwerkeigentümer ist verpflichtet, einen Beitrag nach Massgabe seiner Wertquote an die Lasten und Kosten der gemeinschaftlichen Verwaltung zu entrichten.

§ 7 Der Schutz der Stockwerkeigentümer-Gemeinschaft

Stockwerkeigentümer sind an einem friedlichen Zusammenleben interessiert wie auch an der Gewissheit, dass ihre Gemeinschaft in gleicher Mitgliederzahl zusammenbleibe. Nur so kommen sie in den wahren Genuss ihres Eigenheims, ihrer eigenen Arbeitsstätte. Ein enger Kontakt unter ihnen ist hierzu nicht erforderlich, nur ein korrektes gegenseitiges Verhalten.

Es muss daher Massnahmen geben, um das harmonische Einvernehmen vor Störenfrieden zu schützen, und zwar vor solchen, die neu in die Gemeinschaft eintreten könnten, als auch vor solchen, die bereits zu dieser Gemeinschaft gehören:

1. die Schutz gegen den Aufkauf von Stockwerken durch Stockwerkeigentümer gewähren, um sich dadurch eine Machtposition in der Gemeinschaft zu verschaffen. Für diesen Fall besteht das Verbot des Vorkaufsrechts.

2. die Schutz innerhalb der Gemeinschaft bieten durch die Möglichkeit der Entfernung störender Elemente, die z.b. zufolge einer ungenügenden Auslese des Bauherrn unter den Wohnungsinteressenten zum Stockwerkeigentümer wurden (der Meistbietende oder der Erstbeste erhielt die Wohnung). Das geschieht durch Ausschluss aus der Gemeinschaft.

I. Vorkaufsrecht
(Art. 712c Abs. 1 ZGB)

Nach den gesetzlichen Bestimmungen (Art. 682 ZGB) für das Miteigentum hat jeder der Miteigentümer ein Vorkaufsrecht gegenüber jedem Dritten, der einen Miteigentumsanteil erwerben will. Dadurch wird einem finanzkräftigen Miteigentümer unter Umständen ermöglicht, alle Miteigentumsanteile in seine Hand zu bekommen. Eine solche Möglichkeit ist aber für das Stockwerkeigentum unerwünscht, denn einem solchen Vorkaufsrecht stehen Zweck und Ziel des Stockwerkeigentums entgegen, nämlich eigene Wohnungen, eigene Geschäfts- und Gewerberäume möglichst vielen Personen zugänglich zu machen. Aus diesem Grunde ist das Vorkaufsrecht als zwingende Vorschrift fallengelassen worden. Es kann jedoch im Begründungsakt oder einer späteren Vereinbarung errichtet und im Grundbuch vorgemerkt werden. Die Einräumung eines Vorkaufsrechts für die Stockwerkeigentümer, das sich u.a. in keinem unserer Nachbarstaaten angewandt findet, empfiehlt sich auch nicht für die schweizerischen Verhältnisse, um so mehr, als der Schutz, den die Gemeinschaft gegenüber einem allfälligen unerwünschten Erwerber benötigt, auf andere Weise geboten werden kann, nämlich durch die Veräusserungsbeschränkung.

II. Veräusserungsbeschränkung
(Art. 712c Abs. 2 ZGB)

Die Veräusserungsbeschränkung kann im Begründungsakt oder durch nachherige Vereinbarung errichtet und im Grundbuch vorgemerkt werden.

Die Veräusserungsbeschränkung kann angewandt werden bei Verkauf des Stockwerks, bei Belastung desselben mit einer Nutzniessung oder einem Wohnrecht sowie bei Vermietung desselben. Jeder dieser Vorgänge muss dem Verwalter und den anderen Stockwerkeigentümern zur Kenntnis gebracht werden, damit ihnen Gelegenheit geboten wird, über die Person des Erwerbers und seine Familie, die das Stockwerk beziehen wollen, die notwendigen Erkundigungen einzuziehen. Ist dem Verwalter oder einem der Stockwerkeigentümer etwas Nachteiliges bekannt, so muss die Versammlung der Stockwerkeigentümer den Beschluss fassen, Einsprache zu erheben. Dies hat innerhalb von vierzehn Tagen seit der Mitteilung zu geschehen. Die Veräusserung des Stockwerks, dessen Belastung mit einer Nutzniessung oder einem Wohnrecht, dessen Vermietung ist nur rechtsgültig, wenn keine Einsprache erfolgt ist. Erst dann kann der für die Veräusserung, die Nutzniessung und das Wohnrecht erforderliche Eintrag im Grundbuch vorgenommen werden.

Die Zustimmung darf nur aus wichtigen Gründen verweigert werden, wenn es sich z.b. um eine schlecht beleumdete oder streitsüchtige Person handelt, um einen schlechten Zahler oder notorischen Schuldenmacher. Konkurrenz, die einem der bisherigen Stockwerkeigentümer durch den Erwerber erwachsen könnte, stellt ebenfalls einen Ablehnungsgrund dar, sei es, dass er sich als Anwalt oder Zahnarzt im selben Haus betätigen will, wo bereits solche Berufe ausgeübt werden, oder sei es, dass es sich um ein

Unternehmen derselben Branche handelt, wie sie bereits vertreten ist. Die Verweigerung der Zustimmung ist unwirksam, sofern keine wichtigen Gründe vorliegen, und kann gerichtlich von den Einspruchgegnern angefochten werden. Der Richter im summarischen Verfahren entscheidet in dieser Sache.

Es sei noch besonders darauf hingewiesen, dass zu viele Einschränkungen für den Verkauf eines Stockwerks den Verkehrswert desselben herabsetzen; durch die schwere Verkäuflichkeit kann ein ansehnlicher Preisverlust entstehen. Im Interesse aller Stockwerkeigentümer liegt es daher, die Verhinderungsgründe für den Verkauf auf das Notwendigste zu beschränken.

III. Ausschluss aus der Gemeinschaft
(Art. 649b und c ZGB)

Der Ausschluss aus der Gemeinschaft ist vom Gesetz sowohl für das Stockwerkeigentum als auch für das Miteigentum vorgesehen.

1. Gründe für den Ausschluss

Ein Stockwerkeigentümer kann aus der Gemeinschaft ausgeschlossen werden, wenn allen oder einzelnen Stockwerkeigentümern ein Zusammenleben mit ihm unter dem gleichen Dach wegen seines Verhaltens nicht mehr länger zugemutet werden kann. Dies gilt auch für Personen, denen er den Gebrauch seines Stockwerks überlassen oder für die er einzustehen hat.

Diese Voraussetzungen sind u.a. gegeben:

1. bei anstössigem Verhalten,
2. bei gröblicher Verletzung seiner Verpflichtungen hinsichtlich Gebrauch und Benutzung seines Stockwerks.

2. Vorgehen

Die Eigentümerversammlung beschliesst über die Ausschliessung eines Stockwerkeigentümers. Sofern durch Vereinbarung nicht andere Bestimmungen gelten, ist für die Beschlussfassung die Mehrheit aller Stockwerkeigentümer, auch der nicht bei der Abstimmung anwesenden, erforderlich unter Ausschluss des Fehlbaren. Auf diesen Beschluss hin kann die Klage beim Richter im ordentlichen Verfahren eingereicht werden. Umfasst die Gemeinschaft nur zwei Personen, so steht jeder von ihnen das Klagerecht zu.

Obsiegt die klagende Partei, nämlich die Gemeinschaft der Stockwerkeigentümer, im ordentlichen Prozessverfahren und anerkennt der Richter auf Ausschluss des Beklagten, so wird letzterer verurteilt, binnen der angesetzten Frist sein Stockwerk zu veräussern. Gelingt ihm der freihändige Verkauf nicht oder bemüht er sich nicht darum, so findet die öffentliche Versteigerung statt nach den Vorschriften über die Zwangsverwertung von Grundstücken (unter Ausschluss der Bestimmungen über die Auflösung der Miteigentumsverhältnisse).

Diese Bestimmungen über den Ausschluss eines Stockwerkeigentümers sind auf den Nutzniesser und auf den Inhaber eines anderen dinglichen oder vorgemerkten persönlichen Nutzungsrechts an einem Stockwerk, z.B. einem Wohnrecht, sinngemäss anwendbar.

4. ABSCHNITT

Die Verwaltung

§ 8 Allgemeine Bestimmungen

I. Bereich der Verwaltung

Die Verwaltung des gemeinschaftlichen Eigentums steht den Stockwerkeigentümern gemeinschaftlich zu, soweit durch Gesetz und Vereinbarung nichts anderes bestimmt ist.

Die Verwaltung umfasst die Instandhaltung, die Instandsetzung und die Änderung des bisherigen Zustandes sowie die Geschäftsführung des gemeinschaftlichen Eigentums und alle weiteren Handlungen, die durch das Reglement vorgeschrieben sind.

II. Verwaltung und Nutzung
(Art. 712g Abs. 1 und 2, Art. 647 ZGB)

Für die Regelung der wichtigsten gemeinschaftlichen Angelegenheiten ist im Gesetz eine Nutzungs- und Verwaltungsordnung niedergelegt. Soweit diese Bestimmungen es nicht selber ausschliessen, können sie durch eine andere Ordnung ersetzt werden, jedoch nur im Begründungsakt oder nachher mit einstimmigem Beschluss aller Stockwerkeigentümer. Es soll dadurch vermieden werden, dass durch eine Änderung der gesetzlichen Vorschriften, z.B. für die Anordnung nützlicher baulicher Massnahmen, einem Stockwerkeigentümer Verpflichtungen auferlegt werden können, mit denen er beim Erwerb seines Stockwerks nicht rechnen musste.

III. Handlungsfähigkeit der Stockwerkeigentümer-Gemeinschaft
(Art. 712l ZGB)

Der Gemeinschaft wird, um die ihr zufallenden Aufgaben erfüllen zu können, eine beschränkte Handlungsfähigkeit zuerkannt. Die Stockwerkeigentümer-Gemeinschaft kann Verbindlichkeiten eingehen (z.b. Bestellungen aufgeben), ein eigenes Vermögen durch ihre Verwaltungstätigkeit erwerben, nämlich durch die Beitragsforderungen an die Kosten und Lasten, welche Gelder allerdings wieder abgeführt werden müssen, und die Beitragsforderungen an den Fonds sowie allfällige Mieteinnahmen, u.a. für Garagen, Ladenlokale. Ferner kann die Versammlung der Stockwerkeigentümer unter ihrem Namen klagen und betreiben und am Ort der gelegenen Sache, also am Ort, wo sich die Liegenschaft befindet, beklagt und betrieben werden.

IV. Beschlussfassung der Stockwerkeigentümer-Gemeinschaft

Auch auf dem Gebiete der Verwaltung wird vom Gesetzgeber danach getrachtet, den Stockwerkeigentümer im Genusse seines Stockwerks nicht zu stören, weder durch unerwartete finanzielle Anforderungen noch durch bauliche Änderungen, die sich für ihn ungünstig auswirken könnten. So wird darauf geachtet, dass einer Minderheit durch einen Mehrheitsbeschluss der Stockwerkeigentümer nicht eine Last aufgebürdet wird, die ihr nicht zugemutet werden kann.

A. Die Verwaltung des gemeinschaftlichen Eigentums

§ 9 Bauliche Massnahmen

I. Notwendige Massnahmen (Reparaturen)
(Art. 647c ZGB)

Für Reparaturen, nämlich Unterhalts-, Wiederherstellungs- und Erneuerungsarbeiten des gemeinschaftlichen Eigentums, die für die
Erhaltung des Wertes (was sich jedoch nicht allein durch Reparaturen bewerkstelligen lässt, da u.a. die Einrichtungen des Gebäudes
im Laufe der Jahre altmodisch werden können) und für die Gebrauchsfähigkeit der Sache notwendig sind, wird die Beschlussfassung erleichtert, da deren Durchführung im Interesse aller Stockwerkeigentümer liegt. Es wird nach Gesetz nur ein Mehrheitsbeschluss aller Stockwerkeigentümer verlangt. Auf die Abweichung
von dieser Regelung wurde bereits hingewiesen (§ 6, 2. Absatz:
Rechte gegenüber der Gemeinschaft).

II. Nützliche Massnahmen (Werterhöhung der Liegenschaft)
(Art. 647d ZGB)

Im Gegensatz zu den notwendigen Massnahmen, die lediglich der
Erhaltung des Gebäudes dienen, bezwecken die nützlichen Massnahmen die Wertsteigerung oder Verbesserung der Wirtschaftlichkeit oder Gebrauchsfähigkeit der Liegenschaft.

Bei diesen Massnahmen könnte man die Unterscheidung treffen
einerseits zwischen solchen, mit denen man die Anpassung der
Einrichtung an die zeitgemässen Erfordernisse anstrebt, also den
Wert der Liegenschaft im eigentlichen Sinne erhalten will, z.B. bei
Umstellung der Etagenheizung auf Zentralheizung oder von Koh-
lenheizung auf Ölheizung, Modernisierung der Waschküche durch
die Einrichtung einer automatischen Waschmaschine und einer

automatischen Trocknungsanlage, oder anderseits Massnahmen, mit welchen eine wirkliche Wertsteigerung erzielt wird, z.b. Anbau von Garagen oder Ausbau des Kellers für die Einstellung von Autos, Einbau eines Lifts, Ausbau des Dachstockes für eine Abwartwohnung, Aufstockung eines Geschäftshauses.

Die Werterhaltung bzw. Wertsteigerung liegt in der Regel auch im Interesse aller Stockwerkeigentümer. Diese Bestrebungen werden vom Gesetzgeber weitgehend unterstützt, indem er deren Vornahme, trotz des Grundsatzes, dem Stockwerkeigentümer nicht unerwartete finanzielle Leistungen zuzumuten, gegen die Einsprache einer Minderheit unter gewissen Bedingungen zulässt. Es soll nämlich einer Minderheit nicht ohne weiteres ermöglicht werden, zeitgemässe Anpassungen zu verhindern.

Die Stockwerkeigentümer beschliessen diese Massnahmen mit der Zustimmung der Mehrheit aller Personen, die zugleich den grösseren Teil der Sache (also mindestens 501/1000) vertritt. Dieses Erfordernis ist in Berücksichtigung der Tatsache angebracht, dass der Kostenbeitrag nach Massgabe der Wertquote erfolgt. Eine Mehrheit von Stockwerkeigentümern, die also weniger als die Hälfte der Kosten übernehmen müsste, soll eine Minderheit nicht zur Übernahme des grösseren Kostenanteils zwingen können.

Einer Minderheit von Stockwerkeigentümern, die sich in der Regel einem Mehrheitsbeschluss zu unterziehen hat, wird jedoch bei Vorliegen bestimmter Tatbestände Schutz gewährt:

1. Wenn durch die Änderung des bisherigen Zustandes der Gebrauch oder die Benutzung der Sache zum bisherigen Zweck für einen Stockwerkeigentümer erheblich oder dauernd erschwert oder unwirtschaftlich gemacht wird, ist seine Zustimmung erforderlich.

2. Wenn die Änderung Aufwendungen von einem Stockwerkeigentümer verlangt, die in einem Missverhältnis zum Vermögenswert seines Anteils stehen oder aus einem anderen Grunde nicht zumutbar sind, können dieselben ohne seine Zustimmung nur durchgeführt werden, wenn die übrigen Stockwerkeigentümer seinen Kostenanteil auf sich nehmen, soweit er den ihm zumutbaren Betrag übersteigt.

III. Massnahmen der Verschönerung und der Bequemlichkeit
(Luxuriöse Massnahmen)
(Art. 647e ZGB)

Besondere Beschränkung erfährt die Durchführung von baulichen Massnahmen, die nur der Ansehnlichkeit der Sache (Anlage eines Dachgartens), der Bequemlichkeit des Gebrauchs (Anlage einer Autorampe von der Strasse zum Hauseingang) oder der Verschönerung (wie Auskleidung des Eingangs mit Marmor, Erstellung eines Springbrunnens im Hausflur) dienen. Für diese Änderung ist die Zustimmung aller Stockwerkeigentümer erforderlich. Eine Ausnahme von dieser Regelung ist dann zugelassen, wenn die Zustimmung der Mehrheit aller Personen, die zugleich den grösseren Teil der Sache vertritt, für die Anordnung dieser baulichen Massnahme vorliegt und folgende Voraussetzungen gegeben sind:

1. Das Nutzungs- und Gebrauchsrecht des nicht zustimmenden Stockwerkeigentümers wird nicht dauernd beeinträchtigt.
2. Die übrigen Stockwerkeigentümer übernehmen den vollen Kostenanteil des nicht zustimmenden Stockwerkeigentümers.
3. Die übrigen Stockwerkeigentümer leisten dem nicht zustimmenden Stockwerkeigentümer Ersatz für die bloss vorübergehende Beeinträchtigung.

§ 10 Gemeinschaftliche Kosten und Lasten

I. Verteilung

1. Allgemeine Regelung
(Art. 712h Abs. 1 ZGB)

Für alle Auslagen, die für das gemeinschaftliche Eigentum gemacht werden, haben die Stockwerkeigentümer einen Beitrag nach Massgabe ihrer Wertquote zu leisten. Diese Beiträge werden jeweilen vom Verwalter oder einer anderen hiefür bezeichneten Person berechnet. Handelt es sich z.B. um die Bezahlung einer Rechnung von Fr. 6'000.– und beträgt die Wertquote eines Stockwerkeigentümers 125/1000, so hat er Fr. 750.– zu bezahlen.

2. Besondere Fälle
(Art. 712h, Abs. 3 ZGB)

Sofern bestimmte gemeinschaftliche Bauteile, Anlagen oder Einrichtungen nicht oder nur in ganz geringem Masse einzelnen Stockwerkeigentümern dienen, soll dies in der Verteilung der Lasten und Kosten berücksichtigt werden. Die Kostenbeiträge sind dann nicht allein nach Massgabe der Wertquote zu berechnen, sondern entsprechend der Benutzung abzustufen. So soll z.B. ein Stockwerkeigentümer, der im Erdgeschoss wohnt und einen eigenen Wohnungseingang vom Freien hat und dem weder Mansarden noch Estrichräume zur Verfügung stehen, nicht für Reparaturen des allgemeinen Hauseingangs oder des Treppenhauses herangezogen werden. Er kann auch nicht dazu veranlasst werden, an die Kosten der Errichtung eines Lifts und dessen Unterhalt zu zahlen. Stockwerkeigentümer auf der ersten Etage müssen kleinere Unterhaltsbeiträge an einen Lift entrichten als solche der fünften Etage. Jedoch können Bewohner derselben Etage zu verschieden hohen Beiträgen veranlasst werden, wenn die Benutzung eine verschiedene ist, der eine Stockwerkeigentümer z.B. sein Stockwerk nur zum Wohnen gebraucht, der andere gleichzeitig noch eine Zahnarztpraxis ausübt und von vielen Patienten besucht wird.

Eine genaue Aufstellung der prozentualen Beitragspflicht für jeden Stockwerkeigentümer in einem Reglement ist wünschenswert. Dadurch bleiben unerfreuliche Diskussionen über Geldfragen erspart, die ja bekanntermassen gerne zu Unstimmigkeiten führen. Dadurch wird auch die eventuelle Durchsetzung von Beitragsforderungen gegenüber einzelnen Stockwerkeigentümern für den Verwalter erleichtert.

II. Aufstellung der Kosten und Lasten
(Art. 712h Abs. 2 ZGB)

Solche Kosten und Lasten sind namentlich:

1. die Auslagen für den laufenden Unterhalt, für Reparaturen und Erneuerungen der gemeinschaftlichen Teile des Grundstückes und Gebäudes sowie der gemeinschaftlichen Anlagen und Einrichtungen;
2. die Kosten der Verwaltungstätigkeit einschliesslich der Entschädigung des Verwalters;
3. die den Stockwerkeigentümern ingesamt auferlegten öffentlich-rechtlichen Beiträge und Steuern;
4. die Zins- und Amortisationszahlungen an Pfandgläubiger, denen die Liegenschaft haftet oder denen sich die Stockwerkeigentümer solidarisch verpflichtet haben.

III. Haftung für Beiträge
(Art. 712i und k ZGB)

1. Haftung des Stockwerkeigentümers

Für das Stockwerkeigentum gilt die wichtige Regelung, dass für gemeinschaftliche Schulden und Verbindlichkeiten der einzelne Stockwerkeigentümer nur für den Betrag haftet, welcher seiner Wertquote entspricht, z.B. bei einer Wertquote von 200/1000 und bei einer gemeinschaftlichen Schuld von Fr. 2'000.– für Fr. 400.–. Er haftet also nicht für die Beträge, die von anderen Stockwerkeigentümern geschuldet werden. Es besteht somit keine Solidarhaftung. Eine solche liesse sich nicht mit dem für das Stockwerkeigentum eigenen Grundsatz vereinbaren, dass dem Stockwerkeigentümer eine möglichst grosse Unabhängigkeit von der Gemeinschaft zu belassen sei; überdies würde die Solidarhaftung die Verbreitung des Stockwerkeigentums gefährden, wie es sich im Ausland zeigte.

2. Haftung der Stockwerkeigentümer-Gemeinschaft

Diese nur anteilmässige Haftung der Stockwerkeigentümer bedingt, dass auch für die Gläubiger, u.a. dem Lieferanten, der Waren liefert (z.b. Heizöl), oder für das Unternehmen, das Reparaturen durchführt, gewisse Sicherungen im Gesetz eingebaut werden. Es kann ihnen nicht zugemutet werden, dass sie die Kostenbeiträge anteilmässig auf die Stockwerkeigentümer aufteilen, jedem einzelnen hiefür Rechnung stellen, bei Zahlungsschwierigkeiten gegen jeden einzelnen vorgehen müssen. Wie bereits erwähnt wurde, ist der Gemeinschaft eine beschränkte Handlungsfähigkeit zuerkannt. So haftet sie auch für die Erfüllung der Verpflichtung, die sie eingeht. Kommt z.B. für eine Reparatur von Fr. 1'000.– bei vier gleich beteiligten Stockwerkeigentümern einer seiner Verpflichtung nicht nach, so können nicht nur Fr. 750.– bezahlt werden und die letzten Fr. 250.– dem Lieferanten zur direkten Eintreibung überlassen bleiben. Die Gemeinschaft haftet für den vollen Betrag, und ihr stehen z.B. die zwei Möglichkeiten zu:

1. Sie bezahlt den ausstehenden Betrag von Fr. 1'000.– aus vorgeschossenen privaten Mitteln oder aus dem Fonds und macht ihre Forderung gegen den säumigen Zahler geltend.
2. Sie bezahlt den Betrag nicht, dann kann sie der Gläubiger am Ort, wo sich die Liegenschaft befindet, betreiben und die Forderung, welche die Gemeinschaft an den säumigen Stockwerkeigentümer hat, pfänden lassen. Für diese gepfändete Forderung besteht u.a. eine Verfahrenserleichterung.

3. Verfahrenserleichterung

Es wäre für die Gemeinschaft äusserst zeitraubend und gefährlich hinsichtlich der Eintreibung ihrer Forderung, wenn sie gegen einen nicht zahlenden Stockwerkeigentümer das langwierige Betreibungsverfahren durchzumachen hätte. Vom Gesetz sind deshalb gewisse Erleichterungen vorgesehen, nämlich ein Pfandrecht und ein Retentionsrecht für eine bestimmte Höhe der Forderung.

a) Gesetzliches Pfandrecht (Art. 712i ZGB):

Für die Beitragsforderungen, die die Gemeinschaft gegenüber einem Stockwerkeigentümer hat, kann sie an dessen Anteil bzw. an dessen Stockwerk die Errichtung eines Grundpfandrechtes verlangen. Hinsichtlich der Höhe des Pfandrechts gilt, dass es die auf die letzten drei Jahre entfallenden Beitragskosten nicht übersteigen darf. Der Eintrag des Pfandrechts im Grundbuch kann vom Verwalter verlangt werden sowie von jedem Stockwerkeigentümer, der durch einen Mehrheitsbeschluss oder durch den Richter dazu ermächtigt wurde. Das gleiche Recht wird dem Gläubiger, für den die Beitragsforderung gepfändet wurde, eingeräumt.

Der Eintrag darf jedoch nur erfolgen, wenn der Stockwerkeigentümer die Forderung anerkannt hat oder sie gerichtlich festgestellt wurde, und nicht, wenn er genügend Sicherheit leistet, wie z.B. durch Bürgschaft, Faustpfand oder Hinterlegung des Geldes bei einer Bank (diese Bestimmungen entsprechen denjenigen über die Errichtung des Bauhandwerkerpfandrechtes, Art. 839 ZGB). Im Falle, dass die Gemeinschaft und der Schuldner sich über die Höhe der Pfandsummen oder die von ihm angebotenen Sicherheiten nicht einigen können, kann (Art. 961 Ziff. 1 ZGB) ein vorläufiger Eintrag im Grundbuch stattfinden, damit die Rangstellung des Grundpfandrechts gegenüber späteren Anmeldungen von dritter Seite gesichert ist. Im Falle, dass der Schuldner die Forderungen nicht anerkennt, muss ein gerichtlicher Entscheid angestrebt werden.

Dieses Pfandrecht geniesst jedoch gegenüber anderen Pfandrechten weder eine Vorzugsstellung hinsichtlich des Ranges – es erhält seinen Rang entsprechend der Anmeldung – noch hinsichtlich der Verwertung.

b) Retentionsrecht (Art. 712k ZGB):

Für die Forderung wird der Versammlung der Stockwerkeigentümer auch ein Retentionsrecht eingeräumt in der Höhe der auf die letzten drei Jahresbeiträge entfallenden Beitragsforderungen, und zwar gelten hiefür dieselben Bestimmungen wie für den Vermieter (Art.

272 OR). Das Retentionsrecht erstreckt sich auf alle beweglichen Sachen, die sich in den Räumen des Stockwerkeigentümers befinden und zu deren Einrichtung oder Benutzung gehören. Davon ausgeschlossen sind u.a. Gegenstände, die bereits von anderen Gläubigern gepfändet sind.

Die Gemeinschaft kann bereits, bevor die Betreibung angehoben ist, zur einstweiligen Wahrung ihres Retentionsrechts die Hilfe des Betreibungsamtes in Anspruch nehmen (Art. 283 SchKG).

§ 11 Das Grundpfand

I. Grundpfandbestellung des Stockwerkeigentümers (Stockwerkhypotheken)

Ein freies Verfügungsrecht steht dem Stockwerkeigentümer hinsichtlich der Belastung seines Miteigentumsanteils — welcher als Grundstück im Grundbuch aufgenommen wurde (Art. 943 Abs. 1 Ziff. 4) — durch ein Grundpfand zu (Art. 796 Abs. 1). — Er kann somit eine oder mehrere Hypotheken aufnehmen und diese entsprechend der Vereinbarung mit dem Gläubiger tilgen. Diese Abzahlung seiner Schuld stellt eine der sichersten und meistgesuchten Geldanlagen dar, nämlich diejenige in Liegenschaften.

Durch diese Verselbständigung fallen gemeinsame Verpflichtungen, gemeinsame Berührungspunkte mit den anderen Stockwerkeigentümern auf einem wichtigen finanziellen Gebiete weg; denn es dürfte schwerhalten, eine Einigung unter ihnen zu erzielen über die Aufnahme von Geldern und deren Rückzahlung.

Im Falle, dass einzelne Stockwerkeigentümer bereits ihre Miteigentumsanteile verpfändet bzw. eine Hypothek aufgenommen haben, ist die nachherige Belastung der ganzen Liegenschaft durch eine Hypothek ausgeschlossen (Art. 648 Abs. 3 ZGB). In diesem Falle kommt auch die Eintragung eines gesetzlichen Pfandrechts zu Lasten der ganzen Liegenschaft nicht mehr in Frage.

II. Grundpfandrechte auf der Liegenschaft

Die Verfügungsfreiheit des Stockwerkeigentums kommt allerdings nur dann zur Geltung, wenn die Liegenschaft nicht bereits mit einer ersten und zweiten Hypothek belastet ist. Es liegt vor allem in der Hand der Bauherren, dies zu vermeiden, indem sie darauf achten, nur bei einer Bank einen Baukredit aufzunehmen, die ihnen nach Fertigstellung des Baues dessen Umwandlung in eine erste Hypothek unter anteilmässiger Aufteilung auf alle Stockwerke zusichert. Eine einmal errichtete Hypothek auf der ganzen Liegenschaft kann gegen den Willen der Gläubiger nicht anteilmässig aufgeteilt werden. Eine solche Zusage dürfte wohl nur ausnahmsweise gegeben werden, da einer grossen Hypothek mit nur einem Schuldner gegenüber mehreren kleinen Hypotheken mit mehreren Schuldnern in der Regel der Vorzug gegeben wird.

Auch wenn durch eine Hypothek die Liegenschaft gesamthaft belastet ist, haftet der einzelne Stockwerkeigentümer nur in der Höhe seines Anteils. Eine Solidarhaftung besteht nur, wenn eine solche vereinbart wurde.

Ein Wohnungsinteressent wird auf alle Fälle gut daran tun, sich vor dem Kauf einer Wohnung genau über die Belastung der Liegenschaft und insbesondere des für ihn in Frage kommenden Stockwerks zu erkundigen.

§ 12 Versicherungen
(Art. 712m Abs. 1 Ziff. 6 ZGB)

Nachdem die Gemeinschaft für die von ihr eingegangenen und die ihr sonst zufallenden Verpflichtungen haftet, besteht für sie ein grosses Interesse, sich nach Möglichkeit gegen unerwartet anfallende Mehrkosten zu sichern, wie sie entstehen können u.a. durch einen Dachbrand, den Unfall einer Drittperson auf ihrem Areal (durch Hinunterfallen eines Blumenstockes vom Dachgarten) oder durch einen Wasserschaden (eine geborstene Leitung). In allen diesen Fällen kann durch Versicherungen weitgehend Schutz geboten werden.

Der Abschluss von Versicherungen wird nach den gesetzlichen Bestimmungen dem freien Ermessen der Gemeinschaft der Stockwerkeigentümer überlassen. Sofern die Art der Versicherung nicht in einem Reglement aufgeführt, d.h. durch den Bauherrn nicht bereits abgeschlossen wurde, kann die Versammlung der Stockwerkeigentümer über deren Abschluss beschliessen. In Frage kommen vor allem der Abschluss einer Brandversicherung, welche in verschiedenen Kantonen obligatorisch ist, ferner eine Haushaftpflichtversicherung, eine Wasserschaden- und Tankversicherung. Eine Glasschadenversicherung sollte für diejenigen Stockwerkeigentümer, die Inhaber von Ladenlokalen sind, im Reglement verlangt werden.

Ein Stockwerkeigentümer, der seine Räume mit ausserordentlicher Aufwendung baulich ausgestaltet hat, kann durch das Reglement oder einen Beschluss der Versammlung der Stockwerkeigentümer zur Leistung eines zusätzlichen Prämienanteils verpflichtet werden, wenn er nicht eine Zusatzversicherung auf eigene Rechnung abschliesst, um eine entsprechende Schadensdeckung zu erlangen.

Im Reglement sollte besonders erwähnt werden, dass ein Stockwerkeigentümer, der durch Vernachlässigung seiner Verpflichtungen einen Schaden verursacht, für seine nachteiligen Folgen selbst aufzukommen hat.

§ 13 Der Fonds
(Art. 712m Abs. 1 Ziff. 5 und Art. 712l Abs. 1 ZGB)

Finanzielle Fragen, auch wenn der Abschluss von Versicherungen gewisse finanzielle Entlastungen bringen kann, stellen zeitweise harte Proben für das friedliche Zusammenleben der Gemeinschaft dar, besonders wenn es sich, wie bereits erwähnt, um die Anordnung kostspieliger Reparaturen handelt. Einzelne Stockwerkeigentümer mögen aus egoistischen Beweggründen oder mangelnder

Einsicht die Durchführung einer solchen Reparatur ablehnen. Die meisten aber, die sich gegen deren Anordnung aussprechen, werden die finanzielle Beanspruchung durch Überbelastung ihrer Mittel befürchten. Auch der Ausfall von Beiträgen eines Stockwerkeigentümers, ihre nicht ordnungsgemässe Bezahlung ruft nach Entscheidungen, über welche jedesmal die Gemeinschaft zu beschliessen hat, u.a. ob sie die Beiträge einstweilen vorschiessen wolle.

Im übrigen haben alle Stockwerkeigentümer ein gewisses Interesse daran, dass die jährlichen Beiträge an die gemeinschaftlichen Lasten und Kosten eine gewisse Stabilität aufweisen. Alle diese Tatbestände weisen darauf hin, dass die Gemeinschaft gewisse Geldreserven benötigt. Es empfiehlt sich daher, für jede Gemeinschaft von Stockwerkeigentümern einen Fonds zu äufnen, der für grössere Reparaturen und andere Auslagen herangezogen werden kann. Eine solche Äufnung ist auch im Gesetz vorgesehen, wird jedoch nicht als zwingend vorgeschrieben. Dieselbe kann bereits im Reglement festgesetzt sein oder später durch Mehrheitsbeschluss der Versammlung angeordnet werden. Über die Verwendung des Fonds sind genaue Bestimmungen aufzustellen.

Der Fonds ist durch jährliche Beiträge der Stockwerkeigentümer zu speisen. Deren Höhe kann Jahr für Jahr in der Versammlung der Stockwerkeigentümer festgesetzt werden. Vorzuziehen ist indessen, bereits im Reglement einen bestimmten Betrag festzulegen, z.B. pro Quadratmeter Wohnfläche der einzelnen Stockwerke, anhand eines Bruchteils der Wertquote oder des Brandassekuranzwertes. Für die Grösse des Fonds kann z.B. ein bestimmter Bruchteil der Höhe des Brandassekuranzwertes resp. Steuereinschätzung des Gebäudes angenommen werden. Für die Beiträge in den Fonds wie auch für die Grösse des Fonds muss sich im Reglement eine Klausel über die Anpassung an die Teuerung befinden, worüber in der Stockwerkeigentümer-Gemeinschaft mit Stimmenmehrheit zu beschliessen ist.

Diese jährlichen Fondsbeiträge bringen eine Erhöhung der gemeinschaftlichen Kosten und Lasten, aber dafür wird ein konstant bleibender Kosten- und Lastenbeitrag erwirkt. Der Stockwerkeigentümer kann sein Budget dementsprechend einrichten und muss keine unliebsamen finanziellen Überraschungen erwarten. Bei Neubauten liesse sich verantworten, in den ersten fünf Jahren die vorgesehenen Beiträge auf die Hälfte anzusetzen in Anbetracht der vielen Auslagen eines Stockwerkeigentümers durch den Erwerb seines Stockwerks und der in den ersten zehn Jahren gering anfallenden Reparaturen.

Der Fonds muss vom Verwalter oder der hiefür bezeichneten Person von allen einfliessenden Mitteln für die Kosten und Lasten getrennt verwaltet und auf der Bank auf den Namen der Gemeinschaft der Stockwerkeigentümer angelegt werden. Zeichnungsberechtigt könnte der Verwalter zusammen mit einem Mitglied des Ausschusses oder einem anderen hiefür bestimmten Stockwerkeigentümer sein.

Besteht ein solcher Fonds, so wird er vom Gesetz als Vermögen der Gemeinschaft der Stockwerkeigentümer erklärt, wie bereits erwähnt wurde. Als solches haftet er dem Gläubiger für gemeinschaftliche Verbindlichkeiten. Bei Verkauf seines Stockwerks kann der Verkäufer nicht seinen Anteil am Fonds herausverlangen; dieser gehört zu seinem Miteigentumsanteil und wird zusammen vom neuen Erwerber übernommen.

B. Die Organisation der Verwaltung

§ 14 Die Versammlung der Stockwerkeigentümer

I. Zuständigkeit und rechtliche Stellung
(Art. 712m ZGB)

Für die Versammlung der Stockwerkeigentümer und den Ausschuss finden die Vorschriften des Vereinsrechtes hinsichtlich der Organe des Vereins (Art. 64 ff. ZGB) Anwendung, soweit das Gesetz nicht besondere Bestimmungen enthält.

Die Versammlung der Stockwerkeigentümer bildet das oberste Organ der Gemeinschaft. Sie entscheidet in allen Verwaltungsangelegenheiten, die sie nicht einem Ausschuss übertragen hat und die bei Ernennung eines Verwalters letzterem zustehen.

Die Eigentümerversammlung hat u.a. nachstehende Befugnisse:

1. den Verwalter zu bestellen, die Aufsicht über seine Tätigkeit auszuüben und ihn gegebenenfalls abzuberufen;
2. einen Ausschuss oder Abgeordnete zu wählen, dem sie Verwaltungsangelegenheiten übertragen kann;
3. jährlich den Kostenvoranschlag, die Rechnung und die Verteilung der Lasten und Kosten unter die Stockwerkeigentümer zu genehmigen;
4. über die Schaffung eines Fonds für Unterhalts- und Erneuerungsarbeiten zu befinden;
5. das Gebäude gegen Brandschaden und andere Beschädigungen zu versichern und die üblichen Haftpflichtversicherungen abzuschliessen; ferner den Stockwerkeigentümer, der seine Räume mit ausserordentlichen Aufwendungen ausgestattet hat, zur Leistung eines zusätzlichen Prämienanteils zu verpflichten, wenn er nicht eine Zusatzversicherung auf eigene Rechnung abschliesst;
6. die Aufnahme eines Darlehens zur Finanzierung eines Bauvorhabens und grössere Entnahmen aus dem Fonds zu beschliessen.

II. Einberufung und Leitung der Stockwerkeigentümer-Versammlung
(Art. 712n ZGB)

Die Versammlung der Stockwerkeigentümer wird in der Regel vom Verwalter einberufen und geleitet. Abweichende Bestimmungen sind zulässig. Letztere können im Reglement aufgeführt oder von der Versammlung beschlossen werden. Wenn kein Verwalter bestellt ist, kann einer der Stockwerkeigentümer als Vorsitzender der Versammlung gewählt und ihm auch die Kompetenz der Einberufung übertragen werden.

Die Einberufung erfolgt von Gesetzes wegen (d.h. diese Bestimmung darf weder durch Reglement noch durch Beschluss der Versammlung der Stockwerkeigentümer geändert werden), wenn ein Fünftel der Stockwerkeigentümer dies verlangt (Art. 64 Abs. 2 ZGB).

Im übrigen kann im Reglement festgelegt werden, in welchen Zeitabständen eine Versammlung abgehalten werden soll.

Die Beschlüsse müssen protokolliert und das Protokoll vom Verwalter oder von dem den Vorsitz führenden Stockwerkeigentümer aufbewahrt werden.

III. Das Stimmrecht der Stockwerkeigentümer

1. Allgemeiner Grundsatz

An der Versammlung der Stockwerkeigentümer hat ein jeder nur eine Stimme, auch wenn er mehrere Stockwerke in der gleichen Liegenschaft besitzt. Es gilt das sogenannte "Kopfstimmrecht". Sein grösserer Besitz fällt indessen ins Gewicht, wenn für eine Beschlussfassung neben der Mehrheit der Stimmen auch ein grösserer Teil der Sache vertreten sein muss, das sogenannte "qualifizierte Stimmrecht" zur Anwendung kommt.

Nur durch das Kopfstimmrecht wird die gleichberechtigte Stellung aller Stockwerkeigentümer als Eigentümer eines Stockwerks gewahrt. Die Beschlussfassung mit qualifiziertem Mehr für gewisse Tatbestände ist indessen unumgänglich in Anbetracht der meist verschiedenen Werte der einzelnen Stockwerke und der damit verbundenen höheren Belastung für die Kosten und Lasten des gemeinschaftlichen Eigentums.

Hinsichtlich des Stimmrechts gibt es keinen gesonderten gesetzlichen Artikel für das Stockwerkeigentum. Dieses ergibt sich jedoch weitgehend aus dem besonderen Charakter des Stockwerkeigentums, welcher ihm vom Gesetzgeber verliehen ist. Die Art der Abstimmung wird indessen weiter hervorgehoben u.a. durch die vorgeschriebene Beschlussfassung bei Verwaltungshandlungen und baulichen Massnahmen, nämlich Kopfstimmrecht als auch qualifiziertes Stimmrecht. Ein weiterer wichtiger Hinweis auf das Stimmrecht findet sich in Art. 712m Abs. 2 ZGB, wonach die Vorschriften des Vereinsrechts über die Organe zur Anwendung kommen, sofern das Gesetz keine besonderen Bestimmungen enthält. Es gilt: Jedes Vereinsmitglied hat das gleiche Stimmrecht (Art. 67 Abs. 1 ZGB). Der Bundesrat verleiht in der bereits erwähnten Botschaft dieser Heranziehung von Vereinsbestimmungen noch besonderes Gewicht, indem er erklärt: "Es gibt kein anderes Stück unseres Zivilrechts, mit dem die breitesten Kreise unseres Volkes so gut vertraut sind, wie mit dem Vereinsrecht, das als Ausdruck allgemeiner gewohnheitsrechtlicher Übung gelten kann."

Es ist nun schwer verständlich, dass nach all den klaren Hinweisen auf Anwendung des Kopfstimmrechts resp. qualifizierten Stimmrechts sich in der Praxis Fälle einer tiefgreifenden Abweichung vom Grundsatz der Gleichstellung aller Stockwerkeigentümer finden; nämlich durch die Beschlussfassung nach Wertquoten das sogenannte "Wertquoten-Stimmrecht". Der Stockwerkeigentümer als Stimmkraft spielt eine untergeordnete Rolle, lediglich die Grösse seines Besitzes ist von Bedeutung. Die Befürworter dieses Beschlussfassungs-Systems sowie diejenigen, die jedes Stockwerk mit einer Stimme verbinden, stützen sich auf die Gesetzesbestimmung, wonach im Begründungsakt oder mit einstimmigem Beschluss aller Stockwerkeigentümer eine andere Ordnung für die Zuständigkeit zu Verwaltungshandlungen und baulichen Massnahmen, soweit es die gesetzlichen Bestimmungen nicht selber ausschliessen, zulässig sei (Art. 712g Abs. 2 ZGB). Dieses Vorgehen wird teilweise damit begründet, dass dies die einzige Lösung sei, um den hin und wieder grossen Unterschieden von Stockwerkeinheiten zu begegnen.

Die Zulassung eines Ersatzes von gesetzlichen Normen durch eine andere Ordnung schliesst immerhin ein, dass Zweck und Ziel des Stockwerkeigentums nicht angetastet werden. Es geht deshalb nicht an, die gleichberechtigte Stellung aller Stockwerkeigentümer, ein Persönlichkeitsrecht, einfach zu eliminieren.

Eine Berücksichtigung grosser Wertunterschiede bei den Stockwerkseinheiten kann auch auf anderem Wege erfolgen:

1. dass auf zu kleine Stockwerkseinheiten schon vor der Begründung von Stockwerkeigentum verzichtet wird, insbesondere in grossen Bauten mit vielen Stockwerken;
2. dass das Reglement mit grosser Sorgfalt ausgearbeitet und den besonderen Gegebenheiten angepasst wird;
3. dass die Anteile für gewisse Beschlussfassungen stark erhöht werden;

Auf diese Weise könnte gewiss eine Majorisierung einer Minderheit mit grossem Besitz durch eine Mehrheit mit kleinem Besitz und umgekehrt vermieden werden. Ferner muss dazu bemerkt werden, dass ein guter Verwalter viel zu einer Beschlussfassung im Interesse der Gemeinschaft beizutragen vermag.

2. Berechtigung mehrerer Personen an einem Stockwerk
(Art. 712o, Abs. 1 ZGB)

Sofern ein Stockwerk mehreren Personen gemeinschaftlich zusteht, sie z.B. Miteigentum an einer Wohnung oder nicht Wohnzwecken dienenden Räumlichkeiten haben, dürfen sie ihr Stimmrecht nur einheitlich ausüben, nämlich durch einen gemeinsamen Vertreter. Letzteren können sie aus ihren Reihen wählen oder einen Dritten bestimmen, wenn das Reglement nichts anderes aufweist.

3. Stimmrecht bei Nutzniessung
(Art. 712o, Abs. 2 ZGB)

Besteht eine Nutzniessung an einem Stockwerk, so haben sich der Stockwerkeigentümer und der Nutzniesser über die Ausübung des Stimmrechts zu verständigen. Es besteht somit die Möglichkeit, dass entweder der Stockwerkeigentümer oder der Nutzniesser das Stimmrecht innehat bis zu einer anderen Abmachung oder dass von Fall zu Fall entschieden wird. Von letzterem Vorgehen ist allerdings wegen seiner Umständlichkeit besser abzusehen. Kann eine Einigung zwischen den Parteien nicht erzielt werden, so ist der Nutzniesser zur Stimmabgabe in allen Fragen der Verwaltung berechtigt, soweit es sich nicht um bauliche Massnahmen handelt, die als nützliche oder luxuriöse bezeichnet sind.

IV. Beschlussfähigkeit
(Art. 712p ZGB)

Die Versammlung der Stockwerkeigentümer ist beschlussfähig, wenn die Hälfte der Stockwerkeigentümer, die zugleich zur Hälfte anteilsberechtigt ist, mindestens aber zwei Stockwerkeigentümer, anwesend oder vertreten sind.

Für den Fall der ungenügenden Beteiligung ist eine zweite Versammlung einzuberufen, die nicht vor Ablauf von zehn Tagen seit der ersten stattfinden darf.

Die zweite Versammlung ist beschlussfähig, wenn ein Drittel aller Stockwerkeigentümer, mindestens aber zwei, anwesend oder vertreten sind.

V. Beschlussfassung (Zuständigkeit)
(Art. 66 ZGB)

Die Beschlüsse werden von der Versammlung der Stockwerkeigentümer gefasst.

Die schriftliche Zustimmung aller Stockwerkeigentümer zu einem Antrag wird einer Beschlussfassung der Versammlung der Stockwerkeigentümer gleichgesetzt.

Im übrigen müssen die Gegenstände, über welche abgestimmt werden soll, den Stockwerkeigentümern rechtzeitig bekanntgemacht werden, eventuell mit aufklärenden Erläuterungen, damit sie Gelegenheit haben, in Ruhe die Sache zu überdenken. Wird dies unterlassen, so kann kein Beschluss über diesen Gegenstand gefasst werden, es sei denn, dass im Reglement oder in einer Vereinbarung von einer gehörigen Ankündigung abgesehen wird (Art. 67 Abs. 3).

VI. Anfechtung von Beschlüssen
(Art. 75 ZGB)

Für die Anfechtung von Beschlüssen gelten für das Stockwerkeigentum dieselben Bestimmungen wie für das Vereinsrecht (Art. 75 ZGB). Beschlüsse, die das Gesetz oder das Reglement verletzen, kann jeder Stockwerkeigentümer, der nicht zugestimmt hat, von Gesetzes wegen binnen Monatsfrist, nachdem er von ihnen Kenntnis erhalten hat, beim Richter anfechten. Es besteht z.b. ein Anfechtungsgrund, wenn die Versammlung der Stockwerkeigentümer einen Beschluss fasste über die Anordnung einer nützlichen baulichen Massnahme mit der Mehrheit aller Stockwerkeigentümer, die aber nicht den grösseren Teil der Sache vertritt.

§ 15 Der Ausschuss
(Art. 712m Abs. 1 Ziff. 3 ZGB)

Für den Ausschuss gelten die Vorschriften des Vereinsrechts (Art. 69 ZGB). Ein Ausschuss ist in der Regel nur bei grösseren Gemeinschaften erforderlich, bei mehr als zwanzig Stockwerken oder dann, wenn ein Verwalter neu eingestellt wird.

Die Stockwerkeigentümerversammlung kann einen Ausschuss wählen. Dessen Mitglieder können Stockwerkeigentümer oder geeignete Drittpersonen sein. Im Reglement muss festgesetzt werden, ob er für seine Tätigkeit eine Bezahlung erhält oder dieselbe nur ehrenamtlich sei.

Die Stockwerkeigentümerversammlung kann auch die Einsetzung weiterer Mitglieder in den Ausschuss beschliessen oder dessen Aufhebung.

Unter die Aufgaben des Ausschusses fallen:

1. die Beratung des Verwalters;
2. die Überprüfung der Geschäftsführung;
3. die Berichterstattung an die Eigentümerversammlung über das Ergebnis der Überprüfung der Geschäftsführung;
4. die Stellung von Anträgen.

§ 16 Der Verwalter

I. Allgemeines

Die Einsetzung eines Verwalters ist vom Gesetz nicht vorgeschrieben. Vor allem in kleineren Gemeinschaften lässt sich unter Umständen gut ohne Verwalter auskommen, indem die Stockwerkeigentümer die Verwaltungsaufgaben unter sich aufteilen. Jeder Stockwerkeigentümer hat indessen das Recht, die Einsetzung eines Verwalters zu verlangen. Als Verwalter kann ein Stockwerkeigentümer oder eine Drittperson gewählt werden.

Von einer guten Verwaltung hängt viel ab für das harmonische Zusammenleben der Gemeinschaft der Stockwerkeigentümer. Aus diesem Grunde kommt dem Verwalter eine zentrale Stellung zu. Zufolge seiner wichtigen Stellung werden ihm durch das Gesetz grosse Kompetenzen eingeräumt und diese gefestigt durch den ihm zugewiesenen weitläufigen Aufgabenkreis und die hiefür erforderliche Vertretungsbefugnis.

Diesen Aufgabenkreis und die Befugnisse durch Reglement oder Vereinbarung einengen zu wollen, ist wenig ratsam, da sich ein gutgläubiger Dritter auf die dem Verwalter durch Gesetz eingeräumten Kompetenzen verlassen darf. Hat ein Lieferant z.B. ein grösseres Quantum Heizöl auf Anordnung des Verwalters geliefert, so kann ihm von der Gemeinschaft der Stockwerkeigentümer nicht entgegengehalten werden, er wäre nicht zu dieser Bestellung berechtigt gewesen.

In Anbetracht der besonderen Stellung des Verwalters werden entsprechende Erfordernisse für die Wahl und die Abberufung desselben aufgestellt, um jegliche Willkür auszuschalten.

II. Bestellung und Abberufung des Verwalters

1. Bestellung des Verwalters
(Art. 712m und 712q ZGB)

Ein Verwalter kann unter verschiedenen Voraussetzungen bestellt werden:

1. durch Mehrheitsbeschluss der Versammlung der Stockwerkeigentümer;
2. durch den Richter auf Verlangen eines Stockwerkeigentümers, wenn dessen Ernennung durch die Versammlung der Stockwerkeigentümer nicht zustande kam;
3. durch den Richter auf Verlangen eines Pfandgläubigers und des Versicherers, wenn ein berechtigtes Interesse daran besteht;
4. durch Festsetzung im Reglement mit einer Vertragsdauer von 2–5 Jahren (selten 10 Jahre). Es kommt in der Praxis insbesondere bei grösseren Immobiliengesellschaften, die sich mit der Erstellung und dem Verkauf von Stockwerken befassen, häufig vor, dass sie die Verwaltung selbst übernehmen oder eine Drittperson als Verwalter bestimmen.

2. Abberufung
(Art. 712r ZGB)

Die Abberufung kann erfolgen:

1. jederzeit durch Beschluss der Versammlung der Stockwerkeigentümer unter Vorbehalt allfälliger Entschädigungsansprüche seitens des Verwalters;
2. durch den Richter auf Verlangen eines Stockwerkeigentümers binnen Monatsfrist nach der Versammlung der Stockwerkeigentümer, in welcher die Abberufung unter Missachtung wichtiger Gründe abgelehnt wurde.

Ein Verwalter, der vom Richter ernannt wurde, kann ohne dessen Bewilligung nicht vor Ablauf der Zeit, für die er eingesetzt wurde, abberufen werden.

III. Aufgaben und Befugnisse des Verwalters

1. Allgemeine Aufgaben
(Art. 712s ZGB)

1. Er vollzieht alle Handlungen der gemeinschaftlichen Verwaltung gemäss den Vorschriften des Gesetzes und des Reglements sowie die Beschlüsse der Versammlung der Stockwerkeigentümer.
2. Er trifft von sich aus alle dringlichen Massnahmen zur Abwehr oder Beseitigung von Schädigungen.
3. Er verteilt die gemeinschaftlichen Kosten und Lasten auf die Stockwerkeigentümer, stellt ihnen Rechnung, zieht ihre Beiträge ein und führt sie ab.
4. Er besorgt die Verwaltung und bestimmungsgemässe Verwendung der vorhandenen Gelder.
5. Er wacht darüber, dass in der Ausübung des Sonderrechts und in der Benutzung der gemeinschaftlichen Teile des Grundstückes und Gebäudes sowie der gemeinschaftlichen Einrichtungen die

Vorschriften des Gesetzes, des Reglements und der Hausordnung befolgt werden.

2. Vertretung nach aussen
(Art. 712t Abs. 1 und 2 ZGB)

1. Der Verwalter vertritt in allen Angelegenheiten der gemeinschaftlichen Verwaltung, die in den Bereich seiner gesetzlichen Aufgaben fallen, sowohl die Gemeinschaft als auch die Stockwerkeigentümer nach aussen.
2. Er ist zur Führung eines Prozesses im summarischen Verfahren zuständig. Für Zivilprozesse ausserhalb des summarischen Verfahrens ist für die Erhebung eines Prozesses, der sich auch gegen einen Stockwerkeigentümer richten kann, die vorgängige Ermächtigung der Versammlung der Stockwerkeigentümer erforderlich, ebenso für die Führung eines durch die Gegner eingeleiteten Prozesses. Ein Vorbehalt gilt dann, wenn es sich um dringende Fälle handelt; hier kann die Ermächtigung nachgeholt werden.

3. Entgegennahme von Mitteilungen
(Art. 712t Abs. 3 ZGB)

Dem Verwalter können an die Adresse der von ihm verwalteten Liegenschaft oder seines Wohnsitzes durch Zustellung von Erklärungen (wie Kündigung von Mietverträgen), Urteilen und Verfügungen, die an die Stockwerkeigentümer insgesamt gerichtet sind, wirksam mitgeteilt werden. Dies gilt jedoch nicht für Zustellungen, wenn sie das Sonderrecht eines Stockwerkeigentümers betreffen.

5. ABSCHNITT

Das Reglement

§ 17 Das Reglement im allgemeinen
(Art. 712g Abs. 3 ZGB)

I. Allgemeines

Dem Reglement, der Nutzungs- und Verwaltungsordnung für eine bestimmte Stockwerkeigentümer-Gemeinschaft, kommt, wie es bei der Behandlung der verschiedenen Gebiete des Stockwerkeigentums klar in Erscheinung trat, für das Stockwerkeigentum eine grosse Bedeutung zu. Es stellt in gewissem Sinne eine Brücke vom Gesetzgeber zur Gemeinschaft dar, da ja im Gesetz nur allgemeine Richtlinien aufgestellt, die einzelnen Verhältnisse aber nicht berücksichtigt werden können, die z.b. sehr unterschiedlich sind, ob es sich um ein Geschäftshaus oder Mehrfamilienhaus handelt. Durch Ergänzung und Ersetzung gesetzlicher Bestimmungen durch andere kann das Reglement den Bedürfnissen und Erfordernissen einer bestimmten Gemeinschaft angepasst werden.

Überdies soll das Reglement auch die für das Zusammenleben wichtigen gesetzlichen Bestimmungen enthalten, und zwar in allgemein verständlicher Form, so dass es auch dem nicht fachmännisch Gebildeten einen klaren Überblick über das Wesen des Stockwerkeigentums und insbesondere über seine Rechte und Pflichten gewährt.

II. Errichtung eines Reglements

1. Nach Verkauf der Stockwerke

Das Gesetz sieht ein Reglement nicht obligatorisch vor. Jeder Stockwerkeigentümer ist jedoch berechtigt, die Aufstellung eines Reglements zu verlangen sowie dessen Anmerkung im Grundbuch. Für die Annahme der einzelnen Bestimmungen ist eine Mehrheit nach Personen, die zugleich zu mehr als der Hälfte anteilsberechtigt sind, erforderlich.

2. Vor Verkauf der Stockwerke

Die Errichtung des Reglements wird indessen in den meisten Fällen bereits dem Begründungsakt beigefügt. Dies wird grösstenteils bei allen Neubauten der Fall sein, wo der Bauherr das Reglement durch einen Sachverständigen ausarbeiten lässt. Dieses Vorgehen weist zwei grosse Vorteile auf:

1. kann sich der Wohnungsinteressent bereits vor dem Kauf über seine Rechte und Pflichten als Stockwerkeigentümer orientieren und, falls ihm diese nicht zusagen sollten, rechtzeitig davon Abstand nehmen. Auf diese Weise bleiben ihm manche Enttäuschungen erspart.

2. birgt die Errichtung des Reglements durch die Stockwerkeigentümer bereits die Gefahr späterer Unstimmigkeiten in sich, da schwerlich alle Bestimmungen mit Einstimmigkeit beschlossen werden und sich eine Minderheit unterwerfen muss.

III. Änderung von Bestimmungen

1. Allgemeine Vorschriften

Für die Änderung wie auch für die Ergänzung von Bestimmungen, sei das Reglement gleichzeitig mit dem Begründungsakt errichtet worden oder durch die Stockwerkeigentümer, gilt, dass hiefür bei der Abstimmung die Mehrheit der Stockwerkeigentümer und der Anteile erforderlich sind. Die Beschlussfassung darf auch erschwert werden zum Schutze der Minderheit durch Erhöhung der Anteile. Auch die Einstimmigkeit kann festgelegt werden. Diese rechtfertigt sich jedoch nur für gewisse Tatbestände, die in § 4 bereits Erwähnung fanden.

Eine Anpassungsmöglichkeit an geänderte Verhältnisse sollte gewährleistet bleiben.

Was eine Änderung betrifft, so ist zu berücksichtigen, dass der Käufer damit rechnet, sich auf die Bestimmungen des Reglements stützen zu dürfen. Dies trifft dann besonders zu, wenn einem oder wenigen Stockwerkeigentümern besondere Benützungsbefugnisse am gemeinschaftlichen Eigentum zugestanden wurden. In solchen Fällen sollte auch deren Zustimmung erforderlich sein. Als Beispiele seien angeführt: die Umwandlung von zwei Vorgärten, deren Benutzung ausschliesslich zwei Stockwerkeigentümern mit Wohnungen im Erdgeschoss zusteht, in Auto-Abstellplätze; die Aufhebung des Benutzungsrechts an einem Auto-Abstellplatz, welches einem Stockwerkeigentümer im Reglement eingeräumt wurde.

Ein Reglement sollte so sorgfältig ausgearbeitet sein, dass sich eine Änderung von Bestimmungen äusserst selten aufdrängt.

Änderungen und Ergänzungen von Bestimmungen des Reglements durch Beschlüsse in der Versammlung der Stockwerkeigentümer sollten im Grundbuch angemerkt werden.

2. Besondere Vorschriften
(Art. 712g Abs. 2 ZGB)

Für Änderungen von Bestimmungen über die Beschlussfassung ist gesetzlich festgelegt, dass diese nur im Begründungsakt oder durch einstimmigen Beschluss aller Stockwerkeigentümer vorgenommen werden können. Eine Änderung, welche die Aufhebung des Kopfstimmrechts betrifft, ist nicht möglich.

IV. Verbindlichkeit des Reglements für neu hinzutretende Erwerber
(Art. 649a ZGB)

Der Käufer eines Stockwerks hat das Reglement zu übernehmen, und zwar, ob sich dieses im Grundbuch angemerkt findet oder nicht. Er tut deshalb gut daran, wenn ihm ein solches nicht vorgewiesen wird, sich nach dessen Bestehen zu erkundigen. Selbst wenn der Verkäufer dies verneint, wird ein diesbezüglicher Vermerk im Kaufvertrag sich als nützlich erweisen.

ANHANG I

Beispiel für ein Reglement

Ausgangspunkt: neues viergeschossiges Achtfamilienhaus mit einer 3 1/2-Zimmerwohnung und einer 4-Zimmerwohnung auf jedem Geschoss. Getrennter Einstellraum für 8 Autos. Kleiner Garten. Assekuranzwert Fr. ... Das Reglement bildet einen Bestandteil des Kaufvertrages, welches vom Bauherrn als Verkäufer aufgesetzt wurde.

Reglement für die Stockwerkeigentümer-Gemeinschaft Sonnenrain
(abgekürzt Gemeinschaft Sonnenrain)
Dufourstrasse 4 in R.

Grundsätzliche Bestimmungen für dieses Reglement

Als Grundlage für dieses Reglement gelten die Bestimmungen des 18. und 19. Titels des ZGB betreffend das Miteigentum und das Stockwerkeigentum, soweit sie nachstehend nicht ergänzt und abgeändert wurden.

Eine Änderung des Reglements kann mit der Mehrheit der Stockwerkeigentümer, die mehr als zur Hälfte, nämlich zu 501/1000 anteilsberechtigt sind, beschlossen werden. Handelt es sich indessen bei der Änderung um Bestimmungen, die eine Vermehrung oder Vergrösserung der einzelnen Verpflichtungen oder eine Änderung der Art der Beschlussfassung bezwecken, so ist Einstimmigkeit erforderlich. Würde eine Änderung durch Beschränkung oder Aufhebung einer Bestimmung einen Stockwerkeigentümer treffen, die ihm ein ausschliessliches Benutzungsrecht an einer Sache des gemeinschaftlichen Eigentums einräumt, so ist dessen Zustimmung erforderlich.

Dieses Reglement sowie dessen Änderungen und Ergänzungen sind im Grundbuch anzumerken.

1. ABSCHNITT

Allgemeine Bestimmungen

§ 1 Aufteilung des Gebäudes

Nr. auf Plänen	Gegenstand	Wertquote
1	Vierzimmerwohnung im Erdgeschoss Nebenräume: 1 Kellerabteil Die Wohnfläche beträgt 105 m^2 und Nebenraum	134/1000
2	Dreieinhalbzimmerwohnung im Erdgeschoss Nebenräume: 1 Kellerabteil Die Wohnfläche beträgt 95 m^2 und Nebenraum	115/1000
3	...	
4	...	
7	Vierzimmerwohnung im 4. Geschoss Nebenräume: 1 Kellerabteil Die Wohnfläche beträgt 105 m^2 und Nebenräume	140/1000

§ 2 Sonderrechte

Gegenstand des Sonderrechts sind die 8 Wohnungen, alle 8 Kellerabteile sowie die zu diesen Räumen gehörenden Bestandteile, die u.a. beseitigt oder geändert werden können.

Im Sonderrecht stehen u.a. auch:

1. die nichttragenden Mauern innerhalb der Wohnungen;
2. der Innenverputz (Innenverkleidung) sämtlicher Wände;
3. der Fussbodenbelag und der Deckenverputz;
4. die Türen ausschliesslich der Wohnungstür;
5. alle eingebauten Schränke;
6. Badezimmer-, Küchen- und Toiletteneinrichtungen;
7. Heizkörper und Röhren innerhalb der im Sonderrecht stehenden Räume;
8. alle Leitungen, wie für Warmwasser, Elektrisch, Gemeinschaftsantenne von ihrer gemeinschaftlichen Hauptleitung bis zu den einzelnen Räumen, mit Ausnahme der Durchgangsleitung.

§ 3 Gemeinschaftliches Eigentum

Gegenstand des gemeinschaftlichen Eigentums sind das Grundstück (Gebäude mit Umschwung gemäss Situationsplan), die Teile des Gebäudes, die für dessen Bestand und Sicherheit erforderlich sind (Fundament, Umfassungsmauern, Tragbalken, das Dach usw.); Anlagen und Einrichtungen, die dem gemeinsamen Gebrauch der Stockwerkeigentümer dienen (Hauseingang, Treppenhaus, Waschküche, Trocknungsräume, Zentralheizung, Warmwasserboiler), selbst wenn sie sich im Bereich der im Sonderrecht stehenden Räume befinden. Zum gemeinschaftlichen Eigentum gehören auch:

1. Balkone, alle Fenster und Rolläden, die Wohnungstüre;
2. der Lift vom Keller bis zum 4. Geschoss;
3. der Bastelraum im Keller mit Ausgang nach dem Garten (Aufteilungsplan vom Keller, bezeichnet Bst auf rotem Grund);
4. Waschküche und 2 Trocknungsräume;
5. Einstellraum für 8 Autos;
6. Luftschutzraum im Bedarfsfall, sonst benutzbar als Abstellraum mit 8 numerierten Abteilen für Stockwerkeigentümer.

§ 4 Gebrauchsanweisung

1. Zweckbestimmung des Gebäudes

Die Wohnungen, nebst den Nebenräumen, dürfen nur zu Wohnzwecken Verwendung finden. Die Wohnungen sollten nach Möglichkeit von den Stockwerkeigentümern selbst bewohnt werden.

2. Berufsausübung

Die Ausübung eines Berufes oder Gewerbes ist den Stockwerkeigentümern in ihren Wohnungen gestattet unter der Bedingung, dass dadurch die anderen Stockwerkeigentümer in ihrem ruhigen Wohnen oder auf andere Weise nicht gestört werden und damit keine erhöhte Abnutzung der im gemeinschaftlichen Eigentum stehenden Gebäudeteile verbunden ist. Musik-, Tanz- und Turnstunden sind verboten. Sofern die genannten Beeinträchtigungen vorliegen sollten, kann der Verwalter von sich aus oder auf Antrag eines Stockwerkeigentümers die weitere Betätigung untersagen.

3. Vermietung und Untermietung der Wohnung

Für die Vermietung der Wohnung sowie für die Einräumung einer Nutzniessung oder eines Wohnrechtes an Drittpersonen gelten die Bestimmungen von § 14. Für die Ausübung eines Berufes oder Gewerbes ist die Zustimmung des Verwalters erforderlich, welche versagt wird im Falle der Konkurrenzierung eines Stockwerkeigentümers. Die Zustimmung kann jederzeit widerrufen werden bei Vorliegen der unter Ziff. 2 genannten Belästigungen.

Die Vermietung einzelner Räume der vom Stockwerkeigentümer selbst bewohnten Wohnung ist gestattet.

Die Bestimmungen über die Veräusserungsbeschränkung finden keine Anwendung bei Überlassung der Wohnung an den Ehegatten und Verwandte in gerader Linie. Für sie gelten hinsichtlich der Ausübung eines Berufes die Vorschriften von Ziff. 2.

4. Vermietung der Auto-Abstellplätze

Die im gemeinschaftlichen Eigentum stehende Garage zum Einstellen von acht Autos darf nicht gewerblichen Zwecken dienen, u.a. kann dort weder eine Reparaturwerkstätte noch eine Tankstelle erstellt werden.

Die acht Plätze für die Autos, die markiert sind und mit der jeweiligen Autonummer des Mieters versehen werden, sollen in erster Linie an die Stockwerkeigentümer mit 25% Ermässigung der ortsüblichen Mietzinse und nur bei Nichtbeanspruchung durch diese an Dritte vermietet werden. Die Vermietung der Autoeinstellplätze steht in der Kompetenz des Verwalters.

5. Die Benutzung des Bastelraumes

Der Bastelraum (Aufteilungsplan: Keller roter Grund, Bezeichnung Bst) dient als Aufenthalts- und Spielraum für die Kinder der Stockwerkeigentümer. In Begleitung dieser Kinder ist er auch anderen Kindern zugänglich, jedoch nur in dem Ausmass, als sich dadurch die Kinder des Hauses nicht benachteiligt fühlen müssen.

6. Der Personenaufzug

Für die Benutzung des Lifts ist die dort angebrachte Gebrauchsanweisung zu beachten. Jede übermässige oder unnötige Beanspruchung desselben ist zu unterlassen.

7. Trocknungsraum mit Fönanlage

Der kleine mit Fönanlage versehene Trocknungsraum darf nur für Wäschestücke verwendet werden, für die auch die automatische Waschmaschine zum Waschen dient. Für den gewöhnlichen Trocknungsraum gelten keine besonderen Bestimmungen.

8. Garten

Der kleine unterteilte Vorgarten (siehe Situationsplan) ist den Stockwerkeigentümern der beiden Parterrewohnungen zum alleinigen Gebrauch überlassen, und zwar gehört Gartenabteil 1 zu Wohnung 1 und Gartenabteil 2 zu Wohnung 2. Als Gegenleistung haben die beiden Stockwerkeigentümer ihre Gartenabteile allein zu unterhalten, und zwar als Ziergärten.

Das übrige Areal, mit Ausnahme des Wäschetrocknungsplatzes, soll, wie es auf dem Situationsplan eingetragen ist, entsprechend der Anlage und Bepflanzung als Spielplatz für die Kinder und als Aufenthaltsplatz für die Erwachsenen dienen.

9. Wahrung der einheitlichen Gestaltung der Liegenschaft

Zur Wahrung der einheitlichen Gestaltung der Liegenschaft dürfen ohne Zustimmung der Versammlung der Stockwerkeigentümer seitens des einzelnen Stockwerkeigentümers keine Vorkehrungen getroffen werden, die eine Änderung am gemeinschaftlichen Eigentum herbeiführen. In diesem Sinne ist auch das Anbringen von Aufschriften und Reklamen ohne Zustimmung des Verwalters untersagt.

10. Hausordnung

Die Benützung des gemeinschaftlichen Eigentums wird durch die Hausordnung geregelt. Sie kann mit Stimmenmehrheit der Stockwerkeigentümer abgeändert werden.

11. Vorgehen bei Verweigerung der Zustimmung des Verwalters

In den Fällen der Ziff. 3 und 9 kann bei Verweigerung des Verwalters der betreffende Stockwerkeigentümer die Einberufung der Versammlung der Stockwerkeigentümer verlangen, welche durch Mehrheitsbeschluss über das Begehren entscheidet.

2. ABSCHNITT

Das Verhältnis der Stockwerkeigentümer zueinander

§ 5 Rechte des Stockwerkeigentümers

I. Rechte des Stockwerkeigentümers innerhalb seiner Wohnung

1. Benutzung

Jeder Stockwerkeigentümer ist frei in der Benutzung seiner eigenen Räume im Rahmen von § 4 und nur den Beschränkungen unterworfen, welche notwendig sind, damit jeder andere Stockwerkeigentümer in gleichen Rechten nicht gestört wird und die Interessen der Gemeinschaft nicht beeinträchtigt werden.

2. Bauliche Änderungen

1. Jeder Stockwerkeigentümer darf die Räume nach seinen Wünschen ausgestalten. Umbauten und Einbauten, die jedoch das gemeinschaftliche Eigentum und die Räumlichkeiten eines anderen Stockwerkeigentümers in Mitleidenschaft ziehen würden, bedürfen der Genehmigung des Verwalters bzw. der betroffenen Stockwerkeigentümer.
2. Er kann die notwendigen Reparaturen anordnen und sich hiefür die geeignetsten Firmen auswählen.

II. Rechte des Stockwerkeigentümers gegenüber der Gemeinschaft

1. Nutzung

Jeder Stockwerkeigentümer ist berechtigt, das gemeinschaftliche Eigentum in einer Weise zu benutzen, wie dies mit den gleichen Rechten jedes einzelnen Stockwerkeigentümers und mit den Interessen der Gemeinschaft vereinbar ist.

2. Unaufschiebbare Reparaturen

Jeder Stockwerkeigentümer ist berechtigt, die nötigen Massnahmen anzuordnen, wenn rasches Eingreifen erforderlich ist, um die Sache des gemeinschaftlichen Eigentums vor drohendem oder wachsendem Schaden zu bewahren, und er den Verwalter nicht rechtzeitig telephonisch verständigen konnte.

Auch darf er die nötigen Reparaturen anordnen, die zur Bereitschaft der Benutzung von gemeinschaftlichen Anlagen und Einrichtung erforderlich sind, wenn der Verwalter nicht umgehend telephonisch erreichbar ist, z.B. wenn die Ölheizung nicht mehr funktioniert (Erkaltung der Heizkörper). Für die Durchführung dieser Reparaturen kommen nur die vom Verwalter auf der Liste vermerkten Firmen, welche jedem Stockwerkeigentümer ausgehändigt wurden, in Frage. Die Kosten für diese Reparaturen werden von der Gemeinschaft getragen.

3. Recht auf Durchsetzung dringender Reparaturen

Sollte die Vornahme wichtiger Reparaturen, die für die Erhaltung des Wertes und der Gebrauchsfähigkeit der Sache erforderlich sind, durch die Versammlung der Stockwerkeigentümer abgelehnt werden, so kann jeder Stockwerkeigentümer deren Anordnung durch den Richter verlangen.

§ 6 Pflichten der Stockwerkeigentümer

I. Pflichten des Stockwerkeigentümers betreffend seiner Räumlichkeiten

Der Stockwerkeigentümer ist verpflichtet, seine Wohnung und die Nebenräume ordnungsgemäss instandzuhalten und instandzusetzen, wie es zur Erhaltung des Gebäudes in einwandfreiem Zustand und gutem Aussehen erforderlich ist, insbesondere:

1. die Fussböden seiner Räume nicht zu überlasten;
2. in seinen Räumen und auch in denjenigen Räumlichkeiten des gemeinschaftlichen Eigentums keine feuergefährlichen oder explosiven Stoffe, wie Kanister mit Benzin, Schmieröle, Putzfäden, Feuerwerk, unterzubringen;
3. für gehörige Reinigung, Lüftung und Heizung zu sorgen und geeignete Massnahmen zur Vermeidung von Frostschäden zu ergreifen;
4. seine Räume von Ungeziefer freizuhalten und deren Auftreten unverzüglich durch wirksame Massnahmen zu bekämpfen;
5. Versorgungs- und Abflussleitungen sowie Heizungsanlagen sachgemäss zu behandeln und auftretende Schäden unverzüglich zu beseitigen.

Jeder Stockwerkeigentümer trägt die Kosten für den Unterhalt und die Instandsetzung aller Gegenstände, die in seinem Sonderrecht stehen, sowie für die sich in seiner Wohnung und Nebenräumen befindenden Fenster, Rolläden und Abschlusstüren.

II. Pflichten des Stockwerkeigentümers gegenüber der Gemeinschaft und deren Eigentum

1. Ruhiges Wohnen

Jeder Stockwerkeigentümer hat dafür Sorge zu tragen, dass die anderen Stockwerkeigentümer weder durch ihn noch durch die anderen Personen seines Haushaltes oder bei ihm verkehrende Drittpersonen durch Lärm oder andere Einwirkungen über das unvermeidliche Mass hinaus gestört werden.

2. Benutzung

Jeder Stockwerkeigentümer hat die sich im gemeinschaftlichen Eigentum befindenden Bauteile, Anlagen und Einrichtungen mit Sorgfalt zu behandeln und sich auch einer übermässigen Beanspruchung derselben zu enthalten.

Allfällige notwendige Reparaturen hat er umgehend dem Verwalter anzuzeigen.

§ 7 Mehrere Berechtigte an einer Wohnung

Befindet sich eine Wohnung im gemeinschaftlichen Eigentum mehrerer Personen, z.b. im Miteigentum, so haben die Berechtigten innerhalb Monatsfrist seit deren Übernahme einen bevollmächtigten Vertreter für alle Angelegenheiten ihrer Wohnung aus ihren Reihen zu bestellen.

§ 8 Haftung der Stockwerkeigentümer

Jeder Stockwerkeigentümer haftet den übrigen Stockwerkeigentümern für Schäden, die durch Vernachlässigung der ihm obliegenden Sorgfalts- und Instandhaltungsverpflichtungen an ihren Räumlichkeiten oder am gemeinschaftlichen Eigentum entstanden sind. Dies gilt auch für Schäden, die durch Personen seines Haushalts oder seines Geschäftsbetriebes verursacht wurden oder durch sonstige Personen, denen er die Benützung der im gemeinschaftlichen Eigentum stehenden Gebäudeteile, Anlagen und Einrichtungen überlässt. Er haftet nicht, wenn er beweist, dass ein schuldhaftes Verhalten nicht vorgelegen hat.

§ 9 Bauliche Massnahmen

I. Reparaturen

Die Gemeinschaft ist verpflichtet, die notwendigen Massnahmen wie Unterhalts-, Wiederherstellungs- und Erneuerungsarbeiten, die für die Erhaltung des Wertes und der Gebrauchsfähigkeit der Liegenschaft erforderlich sind, ausführen zu lassen.

Die laufenden kleinen Reparaturen des gemeinschaftlichen Eigentums bis zu einem Gesamtwert von Fr. 1'000.– pro Jahr werden vom Verwalter aus eigener Kompetenz angeordnet. Die Zustimmung der Versammlung der Stockwerkeigentümer ist erforderlich für grössere Beträge und einmalige grössere Reparaturen ab Fr. 1'000.–. Durch Beschluss der Versammlung kann eine andere Ordnung getroffen werden. (Beschlussfassung: Zustimmung der Mehrheit, die eine Anteilshöhe von 600/1000 vertritt.)

II. Wertvermehrende bauliche Massnahmen

Beschliesst die Versammlung der Stockwerkeigentümer bauliche Veränderungen und Verbesserungen, die über die ordnungsgemässe Instandhaltung und Instandsetzung der Liegenschaft hinausgehen, aber zur Erhaltung des Wertes und der Wirtschaftlichkeit nach örtlichem Brauch erforderlich sind, so ist die Zustimmung des Stockwerkeigentümers notwendig, dem die Änderungen erhebliche und bleibende Nachteile bringen. Falls die baulichen Massnahmen von einem Stockwerkeigentümer Aufwendungen verlangen, die mit seinen finanziellen Mitteln nicht in Einklang stehen, so können sie nur durchgeführt werden, wenn die anderen den Kostenanteil auf sich nehmen, soweit er den ihm zumutbaren Betrag übersteigt. (Beschlussfassung: Zustimmung der Mehrheit, die eine Anteilshöhe von 700/1000 vertritt.)

III. Luxuriöse Massnahmen

Sind luxuriöse Verbesserungen beschlossen worden, so dürfen diese nur durchgeführt werden, wenn der nicht zustimmende Stockwerkeigentümer nicht in seinen Rechten gemäss § 5 beeinträchtigt wird. Zu einer Kostenbeteiligung darf er nicht herangezogen werden. Über das Mitbenützungsrecht, sofern dies nach der gegebenen Gebrauchsweise möglich ist, und einen eventuellen Einkauf trifft die Mehrheit mit dem betreffenden Stockwerkeigentümer eine eigene Vereinbarung. (Beschlussfassung: Zustimmung der Mehrheit, die eine Anteilshöhe von 750/1000 vertritt.)

§ 10 Der Fonds

Die Gemeinschaft ist verpflichtet, einen Fonds zu äufnen, der, soweit das Reglement keine anderen Bestimmungen enthält, für Reparaturen und Unterhalt des Gebäudes dient.

Der Fonds soll eine Höhe von 3% des Assekuranzwertes des Gebäudes nicht übersteigen. Bis zur Erreichung einer Höhe von 1% dürfen ihm nur in dringenden Fällen Gelder entnommen werden.

Der Fonds wird auf den Namen der Gemeinschaft Sonnenrain bei der Kantonalbank in R. angelegt, wobei auf alle Fälle die sogenannte äusserste Reserve von 1% des Assekuranzwertes auf einem Sparkassenbuch und die weiteren Gelder auf einem Kontokorrent anzulegen sind. Zeichnungsberechtigt sind der Verwalter und in seiner Vertretung der bevollmächtigte Stellvertreter.

Der Fonds wird gespiesen durch jährliche Beiträge, in den ersten 5 Jahren seit Bezugsbereitschaft durch 0,2%, später 0,5% des Assekuranzwertes, nämlich durch die Mietzinseingänge für die Auto-Abstellplätze und ergänzend durch Einzahlungen der Stockwerkeigentümer entsprechend ihren Wertquoten.

Über grössere Entnahmen für Reparaturen und Instandhaltung, über Verwendung des Fonds zu anderen Zwecken sowie über eine Änderung der Fondshöhe und der jährlichen Beiträge beschliesst die Versammlung, sofern in diesem Reglement nichts anderes vorgeschrieben ist. (Beschlussfassung: Zustimmung der Mehrheit, die eine Anteilshöhe von 600/1000 vertritt.)

Der Fonds gehört der Gemeinschaft. Die einbezahlten Beträge werden einem Stockwerkeigentümer, der seine Wohnung verkauft, nicht zurückvergütet.

§ 11 Versicherungen

Für das Gebäude einschliesslich der einzelnen Wohnungen besteht eine Versicherung gegen Feuer- und Elementarschäden, nämlich die gesetzliche Brandassekuranz. Ausserdem ist vom Bauherrn für die Liegenschaft eine

Haushaftpflichtversicherung, eine Wasserschaden- und Tankversicherung mit der Versicherungsgesellschaft X abgeschlossen worden.
Die aufgeführten Versicherungen müssen beibehalten werden. Durch Mehrheitsbeschluss der Stockwerkeigentümer kann lediglich eine andere Versicherungsgesellschaft gewählt oder die Vertragsbedingungen geändert werden. Ein Stockwerkeigentümer, der seine Räume mit ausserordentlicher Aufwendung baulich ausgestattet hat, soll eine zusätzliche Versicherung abschliessen auf eigene Rechnung, um die entsprechende Deckung des Schadens zu erhalten.

§ 12 Einnahmen und Ausgaben (Beitragspflicht)

I. Einnahmen

Die Einnahmen aus den Mietzinsen für die Abstellplätze der 8 Autos werden im ganzen Umfange dem Fonds überwiesen.

II. Ausgaben

1. Allgemeine Beitragspflicht

Jeder Stockwerkeigentümer ist verpflichtet, nach Massgabe seiner Wertquote für nachstehende Kosten und Lasten des gemeinschaftlichen Eigentums, sofern keine besonderen Berechnungen vorgesehen sind, aufzukommen:

1. öffentliche Abgaben und Gebühren: u.a. Strassenanliegerbeiträge, Kanalisationsreinigung, Kehrichtabfuhr;
2. Prämienzahlung für die gemeinschaftlichen Versicherungen, nämlich Brandassekuranz, Haushaftpflichtversicherung, Wasserschaden- und Tankversicherung;
3. Einlagen in den Fonds. Die Beiträge der Stockwerkeigentümer werden um die in den Fonds einbezahlten Mieterträgnisse verringert;
4. weitere Betriebskosten: Honorar für Verwalter, Kosten für Revision der elektrischen Anlagen und des Lifts, Treppenhaus- und Kellerreinigung, Gartenunterhalt, Reparaturen usw.;
5. alle übrigen nach dem Wirtschaftsplan aufgestellten Auslagen.

2. Besondere Berechnungen

Eine besondere Berechnung erfahren:

1. die Heizkosten nach Kubikmetern Wohnraum,
2. die Warmwasseraufbereitung nach Zähler,
3. der elektrische Strom nach Zähler,
4. Mehrwasserverbrauch nach Kubikmetern Wohnraum,
5. die Kosten für den Lift. Diese verteilen sich wie folgt:
   Stockwerke 1 und 2 je 3%
   Stockwerke 3 und 4 je 13%
   Stockwerke 5 und 6 je 16%
   Stockwerke 7 und 8 je 18%.
   Falls durch die Berufsausübung eines Stockwerkeigentümers eine beträchtliche Mehrbeanspruchung des Lifts erfolgt, wird diese Aufstellung entsprechend geändert.

Die Höhe der Abschlagszahlungen wird an der Jahresversammlung festgesetzt.

Die Beiträge entsprechend dem Kostenvoranschlag des Verwalters sind gemäss seiner Aufstellung für die einzelnen Stockwerkeigentümer in Abschlagszahlungen vierteljährlich im voraus zu bezahlen, und zwar wie folgt:

1. Rate am 1. Januar (entsprechend dem Vorjahr)
2. Rate am 1. April
3. Rate am 1. Juli
4. Rate am 1. Oktober.

Sofern die neu festgesetzten Jahresbeiträge gemäss dem Wirtschaftsplan an der Jahresversammlung angenommen werden, aber von den letztjährigen abweichen, finden sie sich in den übrigen drei Raten entsprechend verrechnet.

Sollten die Abschlagszahlungen für die auszuführenden Aufgaben nicht ausreichen, so darf der Verwalter mit schriftlicher Einwilligung aller Stockwerkeigentümer oder durch Beschluss der Versammlung dem Fonds einen grösseren Betrag als Fr. 1'000.– entnehmen. Bei Ablehnung sind die Stockwerkeigentümer unverzüglich zu den erforderlichen Nachzahlungen heranzuziehen.

Die Beiträge sind pünktlich auf das Postcheckkonto der Gemeinschaft Sonnenrain einzubezahlen.

§ 13 Zerstörung und Wiederaufbau des Gebäudes

1. Allgemeines

Grundsätzlich soll bei Zerstörung des Gebäudes dessen Wiederaufbau durchgeführt werden, wenn nicht besondere Gegebenheiten dies verhindern.

2. Verpflichtung zum Wiederaufbau

Eine Verpflichtung zum Wiederaufbau besteht, wenn die Kosten durch Versicherung voll gedeckt sind oder es sich um Beträge handelt, deren Aufbringung jedem Stockwerkeigentümer zugemutet werden kann.

3. Beschluss der Versammlung der Stockwerkeigentümer

Besteht ein ungedeckter Mehrkostenbetrag bei einer Zerstörung des Gebäudes von mehr als der Hälfte seines Wertes — es gilt nur der Wert des Gebäudes, nicht auch der Grund und Boden —, so beschliesst die Versammlung über den Wiederaufbau. Ebenso ist dieser Beschluss erforderlich, wenn durch behördliches Einschreiten wegen einer anderen Bauordnung oder anderen Baulinien der Aufbau im bisherigen Umfang erschwert wird. (Beschlussfassung: Zustimmung der Mehrheit, die eine Anteilshöhe von 750/1000 vertritt.)

4. Aufhebungsantrag und Abfindung

In schwerwiegenden Fällen darf jeder Stockwerkeigentümer die Aufhebung des Stockwerkeigentums verlangen, wobei jedoch den aufbauwilligen Stockwerkeigentümern die Möglichkeit zusteht, durch Abfindung (deren Höhe durch einen amtlichen Schätzer festgesetzt wird) der übrigen die Aufhebung abzuwenden.

§ 14 Beschränkung für den Verkauf und die Überlassung von Wohnungen an Dritte (Veräusserungsbeschränkung)

Jeder Stockwerkeigentümer hat die Veräusserung oder Vermietung seiner Wohnung dem Verwalter zuhanden der übrigen Stockwerkeigentümer mitzuteilen unter Angabe der Personalien des Erwerbers. Binnen vierzehn Tagen seit Kenntnisnahme dieser Mitteilung hat der Verwalter ihm schriftlich Bericht über die Zustimmung oder Ablehnung zu geben. Dieser Termin darf jedoch nicht in die Zeit vom 15. Juli bis 15. August fallen, ebensowenig in die erste Woche vor und nach Ostern, wenn nicht dringende Gründe vorliegen.

Ein Ablehnungsgrund seitens eines Stockwerkeigentümers ist dem Verwalter umgehend mitzuteilen. Sind solche bekannt, so hat der Verwalter unverzüglich eine Versammlung einzuberufen. Über die Zulassung der Einsprache wird mit Stimmenmehrheit entschieden.

Als wichtige Gründe wären insbesondere zu erwähnen:

1. wenn begründete Besorgnis besteht, dass der Interessent seinen finanziellen Verpflichtungen nicht nachkommt;
2. wenn beim Interessenten oder seinen mit ihm zusammenwohnenden Familienangehörigen Voraussetzungen gegeben sind, die gemäss § 15 zum Ausschluss aus der Gemeinschaft berechtigen würden.

Eine Ausnahme von diesem Vorgehen gilt dann, wenn persönliche Gründe für die Einsprache vorliegen. In diesem Falle findet eine Abstimmung nur statt, wenn sie von der Mehrheit der Stockwerkeigentümer gewünscht wird. Dem betreffenden Stockwerkeigentümer steht die Möglichkeit zu, entweder durch Rücksprache mit den anderen Stockwerkeigentümern die schriftliche Zustimmung von weiteren vier zu erlangen und diese dem Verwalter zur Einspracheerhebung ohne weitere Erörterung des triftigen Grundes zu übergeben oder nur den Verwalter über die näheren Umstände zu unterrichten. Dieser verständigt die übrigen Stockwerkeigentümer dahin, dass eine Einsprache aus triftigen Gründen vorliege, jedoch ohne deren Angabe. Erklärt sich einer der Stockwerkeigentümer damit nicht einverstanden, so muss in einer Versammlung über die Zulassung der Einsprache mit Mehrheit abgestimmt werden.

§ 15 Ausschluss aus der Gemeinschaft

Der Stockwerkeigentümer kann auf Beschluss der Versammlung der Stockwerkeigentümer durch richterliches Urteil aus der Gemeinschaft ausgeschlossen werden, wenn durch sein Verhalten oder das Verhalten von Personen, denen er den Gebrauch der Sache überlassen oder für die er einzustehen hat, Verpflichtungen gegenüber allen oder einzelnen Mitberechtigten so schwer verletzt wurden, dass diesen die Fortsetzung der Gemeinschaft nicht zugemutet werden kann.

Diese Voraussetzungen liegen insbesondere vor:

1. wenn der Stockwerkeigentümer trotz wiederholter Mahnungen seitens des Verwalters seinen Verpflichtungen hinsichtlich der Instandhaltung seiner ihm gehörenden Räumlichkeiten innert nützlicher Frist nicht nachkommt, so dass dadurch u.a. die äussere Erscheinung des Hauses beeinträchtigt ist;

2. wenn der Stockwerkeigentümer oder Personen, die seinem Haushalt angehören oder denen er seine Wohnung überlassen hat, die Wohnung in anderer Weise nutzen, als gemäss § 4 dieses Reglements zulässig ist, und auch die anderen dort enthaltenen Vorschriften nicht einhalten und diese vorschriftswidrige Haltung trotz Aufforderung des Verwalters nicht aufgeben;

3. wenn der Stockwerkeigentümer oder bei ihm wohnende Familienmitglieder sich erhebliche Belästigungen gegenüber anderen Hausbewohnern zuschulden kommen lassen oder durch ihr anstössiges, rücksichtsloses, streitsüchtiges oder verletzendes Verhalten den Hausfrieden stören;

4. wenn der Stockwerkeigentümer trotz wiederholter Aufforderung des Verwalters mit dem Hinweis auf seinen Ausschluss Personen, denen er einzelne Räume oder die ganze Wohnung überlassen hat, nicht innert nützlicher Frist aus dem Haus entfernt.

Gehört eine Wohnung mehreren Personen gemeinsam, so wirken sich die erwähnten Gründe, auch wenn sie nur auf eine Person zutreffen, auf alle aus, es sei denn, dass diese Gemeinschaft auf die Aufforderung des Verwalters hin innert der von ihm angesetzten Frist die schuldige Person aus ihrer Gemeinschaft ausschliesst.

3. ABSCHNITT

Die Verwaltung

§ 16 Die Versammlung der Stockwerkeigentümer

I. Zuständigkeit

Die Versammlung der Stockwerkeigentümer beschliesst in allen Angelegenheiten, die ihr nach Gesetz, Begründungsakt und diesem Reglement zustehen.

II. Einberufung und Leitung

Die ordentliche Jahresversammlung, welche vom Verwalter einberufen wird, findet jeweilen in der ersten Hälfte des März statt (für das Geschäftsjahr gilt das Kalenderjahr). Die Traktandenliste und ein Wirtschaftsplan sind mit der

Einberufung, welche immer schriftlich zu erfolgen hat, vierzehn Tage vor Abhaltung der Versammlung den Stockwerkeigentümern zu senden. Allfällige Anträge und Wünsche für die Traktandenliste müssen dem Verwalter schriftlich bis Mitte Februar übermittelt werden.

Eine ausserordentliche Versammlung kann vom Verwalter einberufen werden, wenn er oder ein Viertel aller Stockwerkeigentümer unter Angabe des zu behandelnden Gegenstandes es verlangt oder in den Fällen von § 4 Ziff. 11. Die Versammlungen dürfen nicht zwischen dem 15. Juli und 15. August und eine Woche vor und nach Ostern anberaumt werden. Die Versammlungen sollen, wenn nicht besonders dringende Fälle vorliegen, mindestens zwei Wochen im voraus einberufen werden.

Der Verwalter leitet die Versammlung, protokolliert die Beschlüsse und hat sie aufzubewahren. Jeder Stockwerkeigentümer ist berechtigt, für sich eine Kopie zu verlangen.

III. Beschlussfähigkeit

Die Versammlung ist beschlussfähig, wenn die Hälfte aller Stockwerkeigentümer, die zugleich zur Hälfte anteilsberechtigt ist, nämlich zu 500/1000, mindestens aber zwei Stockwerkeigentümer, anwesend oder vertreten sind.

Bei ungenügender Beteiligung ist eine zweite Versammlung einzuberufen, die nicht vor Ablauf von 10 Tagen seit der ersten stattfinden darf. Für die Beschlussfassung ist die Anwesenheit oder Vertretung von mindestens zwei Stockwerkeigentümern erforderlich.

IV. Stimmrecht

1. Allgemeiner Grundsatz

Jeder Stockwerkeigentümer hat eine Stimme.

2. Besondere Fälle

a) Berechtigung mehrerer Personen an einer Wohnung:

In diesem Falle übt gemäss § 7 der bevollmächtigte Vertreter das Stimmrecht aus.

b) Nutzniessung und Wohnrecht:

Ist eine Nutzniessung oder ein Wohnrecht an der Wohnung begründet, so übt der Nutzniesser oder Wohnberechtigte das Stimmrecht aus, wenn keine andere Vereinbarung zwischen ihnen und dem Stockwerkeigentümer besteht.

V. Beschlussfassung

1. Regelung

Die Beschlüsse werden mit Stimmenmehrheit gefasst mit Ausnahme der im Gesetz und in diesem Reglement besonders erwähnten Fälle.

Auch ohne Versammlung ist ein Beschluss gültig, wenn alle Stockwerkeigentümer ihre Zustimmung schriftlich geben.

2. Anfechtung der Beschlüsse

Die Beschlüsse sind anfechtbar binnen Monatsfrist seit Kenntnisnahme, wenn sie Bestimmungen des Gesetzes oder Reglements verletzen.

§ 17 Die Vertretung der Stockwerkeigentümer

1. Allgemeine Regelung

Der Stockwerkeigentümer soll bei einem mehr als dreiwöchigen Auslandaufenthalt einen Stellvertreter für sich bestimmen, entweder einen anderen Stockwerkeigentümer oder eine Drittperson.

2. Unbekannte Abwesenheit des Stockwerkeigentümers

Bei Abwesenheit eines Stockwerkeigentümers ohne Hinterlassung einer Adresse oder Bestellung eines Vertreters kann durch Mehrheitsbeschluss der Verwalter als sein Stellvertreter ernannt werden, sofern schriftliche Anfragen dringender Natur unbeantwortet blieben und unverzüglich Massnahmen anzuordnen sind, die seine Wohnung miteinbeziehen, oder wichtige Entscheide in einer von ihm selbst nicht bewohnten Wohnung zu treffen sind. Wird der Verwalter als Stellvertreter abgelehnt, so setzt der Richter einen anderen Stellvertreter ein.

§ 18 Der Verwalter

1. Bestellung und Abberufung

Ein Verwaltungsvertrag wurde von der Firma M., Verkäuferin der Wohnungen, mit der Liegenschaftenverwaltungs-AG in R. abgeschlossen für die Dauer von 3 Jahren bis zum 1. Mai ... Eine Kündigung hat 2 Monate vor Vertragsablauf zu erfolgen und kann erstmals auf den 30. April ... vorgenommen werden. Im Falle der Kündigung wählt die Versammlung der Stockwerkeigentümer einen neuen Verwalter, entweder einen der Stockwerkeigentümer oder eine Drittperson, die sich über die nötigen Erfahrungen ausweisen kann. Die Bestellung erfolgt für ein Jahr und erneuert sich stillschweigend.

Bei Vorliegen eines wichtigen Grundes kann die Versammlung der Stockwerkeigentümer durch Mehrheitsbeschluss die Abberufung des Verwalters jederzeit verlangen.

2. Aufgaben und Befugnisse

Der Verwalter hat die Aufgaben und Befugnisse gemäss den gesetzlichen Bestimmungen (Art. 712s ZGB). Im weiteren ist er dazu verpflichtet:

1. Gelder der Gemeinschaft von seinem Vermögen getrennt zu halten;
2. den gesamten Geldverkehr über die Konten der Gemeinschaft abzuwickeln;
3. alle Aktenstücke und Pläne aufzubewahren;
4. an der Jahresversammlung einen Bericht über die Geschäftsführung und den Jahresabschluss zu machen und in der Zwischenzeit auf Verlangen der Versammlung der Stockwerkeigentümer Rechenschaft darüber abzugeben;
5. den einzelnen Stockwerkeigentümern jederzeit Auskunft über bestimmte gemeinschaftliche Angelegenheiten zu erteilen und Einblick in die einschlägigen Bücher und Akten zu gewähren;
6. einen Wirtschaftsplan aufzustellen. Dieser muss insbesondere enthalten:
   a) die Aufstellung der Kosten sämtlicher unter § 12 enthaltener Posten nebst der Kostenberechnung für die einzelnen Stockwerkeigentümer nach Massgabe ihrer Wertquoten;
   b) die Vorschläge für notwendige Arbeiten zur Instandhaltung und Instandsetzung und Werterhaltung der Liegenschaft nebst den entsprechenden Kostenvoranschlägen und Beitragskosten für die einzelnen Stockwerkeigentümer.

§ 19 Die Stellvertretung des Verwalters

Für die Stellvertretung des Verwalters im Falle von Ortsabwesenheit, Erkrankung, seines Ablebens oder seiner Abberufung wird aus den Reihen der Stockwerkeigentümer oder der mit ihnen zusammenlebenden, handlungsfähigen Familienangehörigen ein bevollmächtigter Stellvertreter für die Dauer von 3 Jahren gewählt. Der Stellvertreter ist dem Verwalter auch bei Erfüllung seiner Aufgaben behilflich. Diese Ämter sind ehrenamtlich. Sofern die Vertretung über drei Wochen währt oder besondere Aufgaben zu erfüllen sind, wird der Zeitaufwand vergütet.

Der Stellvertreter und seine Ersatzperson stehen dem Verwalter beratend zur Seite. Im Falle der Abberufung oder des Ablebens des Verwalters hat der Stellvertreter innert vierzehn Tagen seit Kenntnisnahme dieses Vorfalls die Versammlung zwecks Wahl eines neuen Verwalters einzuberufen und zu leiten. Für die Einberufung gelten die Vorschriften des § 16 II.

Die Abberufung des Stellvertreters ist aus dringenden Gründen jederzeit möglich.

§ 20 Briefkasten für die Gemeinschaft

Alle Poststücke, die für die Gemeinschaft bestimmt sind, werden durch das Postamt an die Büroadresse des Verwalters umgeleitet. Bei seiner Abwesenheit, Arbeitsunfähigkeit aus gesundheitlichen Gründen, seinem Ableben oder seiner Abberufung kann der Stellvertreter entsprechend dem Fall die Zustellung der Poststücke an seine Adresse verlangen.

§ 21 Gerichtsstand

Die Stockwerkeigentümer anerkennen für alle Streitigkeiten aus ihrem Gemeinschaftsverhältnis den Gerichtsstand am Ort ihrer Liegenschaft.

Dieses Reglement wurde am 5. Mai ... im Grundbuch von ... angemerkt.

Der Verkäufer: . . . .   Der Käufer: . . . .

R. . . . . , 10. Mai . . . . . .

ANHANG II

Bundesgesetz

über

die Änderung des Vierten Teils des Zivilgesetzbuches
(Miteigentum und Stockwerkeigentum)

(Vom 19. Dezember 1963)

Die Bundesversammlung
der Schweizerischen Eidgenossenschaft,

gestützt auf Art. 64 der Bundesverfassung,
nach Einsicht in eine Botschaft des Bundesrates vom 7. Dezember 1962*,

beschliesst:

I

Die Bestimmungen des Zivilgesetzbuches über das Miteigentum werden wie folgt geändert und ergänzt:

Art. 646 (unverändert)

[1] Haben mehrere Personen eine Sache nach Bruchteilen und C. Gemein
ohne äusserliche Abteilung in ihrem Eigentum, so sind sie Mit- schaftliches
eigentümer. Eigentum
                                                                  I. Miteigentum
[2] Ist es nicht anders festgestellt, so sind sie Miteigentümer zu 1. Verhältnis der
gleichen Teilen. Miteigentümer
[3] Jeder Miteigentümer hat für seinen Anteil die Rechte und
Pflichten eines Eigentümers, und es kann dieser Anteil von

* BBl 1962, II, 1461.

80

ihm veräussert und verpfändet und von seinen Gläubigern gepfändet werden.

Art. 647

2. Nutzungs- und Verwaltungsordnung

[1] Die Miteigentümer können eine von den gesetzlichen Bestimmungen abweichende Nutzungs- und Verwaltungsordnung vereinbaren und im Grundbuch anmerken lassen.
[2] Nicht aufheben oder beschränken können sie die jedem Miteigentümer zustehenden Befugnisse:
1. zu verlangen, dass die für die Erhaltung des Wertes und der Gebrauchsfähigkeit der Sache notwendigen Verwaltungshandlungen durchgeführt und nötigenfalls vom Richter angeordnet werden;
2. von sich aus auf Kosten aller Miteigentümer die Massnahmen zu ergreifen, die sofort getroffen werden müssen, um die Sache vor drohendem oder wachsendem Schaden zu bewahren.

Art. 647a

3. Gewöhnliche Verwaltungshandlungen

[1] Zu den gewöhnlichen Verwaltungshandlungen ist jeder Miteigentümer befugt, insbesondere zur Vornahme von Ausbesserungen, Anbau- und Erntearbeiten, zur kurzfristigen Verwahrung und Aufsicht sowie zum Abschluss der dazu dienenden Verträge und zur Ausübung der Befugnisse, die sich aus ihnen und aus den Miet-, Pacht- und Werkverträgen ergeben, einschliesslich der Bezahlung und Entgegennahme von Geldbeträgen für die Gesamtheit.
[2] Mit Zustimmung der Mehrheit aller Miteigentümer kann die Zuständigkeit zu diesen Verwaltungshandlungen unter Vorbehalt der Bestimmungen des Gesetzes über die notwendigen und dringlichen Massnahmen anders geregelt werden.

Art. 647b

4. Wichtigere Verwaltungshandlungen

[1] Mit Zustimmung der Mehrheit aller Miteigentümer, die zugleich den grösseren Teil der Sache vertritt, können wichtigere Verwaltungshandlungen durchgeführt werden, insbesondere die Änderung der Kulturart oder Benutzungsweise, der Abschluss und die Auflösung von Miet- und Pachtverträgen, die Beteiligung an Bodenverbesserungen und die Bestellung eines

Verwalters, dessen Zuständigkeit nicht auf gewöhnliche Verwaltungshandlungen beschränkt ist.

[2] Vorbehalten bleiben die Bestimmungen über die notwendigen baulichen Massnahmen.

Art. 647c

Unterhalts-, Wiederherstellungs- und Erneuerungsarbeiten, die für die Erhaltung des Wertes und der Gebrauchsfähigkeit der Sache nötig sind, können mit Zustimmung der Mehrheit aller Miteigentümer ausgeführt werden, soweit sie nicht als gewöhnliche Verwaltungshandlungen von jedem einzelnen vorgenommen werden dürfen.

5. Bauliche Massnahmen
a) notwendige

Art. 647d

[1] Erneuerungs- und Umbauarbeiten, die eine Wertsteigerung oder Verbesserung der Wirtschaftlichkeit oder Gebrauchsfähigkeit der Sache bezwecken, bedürfen der Zustimmung der Mehrheit aller Miteigentümer, die zugleich den grösseren Teil der Sache vertritt.

b) nützliche

[2] Änderungen, die einem Miteigentümer den Gebrauch oder die Benutzung der Sache zum bisherigen Zweck erheblich und dauernd erschweren oder unwirtschaftlich machen, können nicht ohne seine Zustimmung durchgeführt werden.

[3] Verlangt die Änderung von einem Miteigentümer Aufwendungen, die ihm nicht zumutbar sind, insbesondere weil sie in einem Missverhältnis zum Vermögenswert seines Anteils stehen, so kann sie ohne seine Zustimmung nur durchgeführt werden, wenn die übrigen Miteigentümer seinen Kostenanteil auf sich nehmen, soweit er den ihm zumutbaren Betrag übersteigt.

Art. 647e

[1] Bauarbeiten, die lediglich der Verschönerung, der Ansehnlichkeit der Sache oder der Bequemlichkeit im Gebrauch dienen, dürfen nur mit Zustimmung aller Miteigentümer ausgeführt werden.

c) der Verschönerung und Bequemlichkeit dienende

[2] Werden solche Arbeiten mit Zustimmung der Mehrheit aller Miteigentümer, die zugleich den grösseren Teil der Sache vertritt, angeordnet, so können sie auch gegen den Willen eines nicht zustimmenden Miteigentümers ausgeführt werden, sofern

dieser durch sie in seinem Nutzungs- und Gebrauchsrecht nicht dauernd beeinträchtigt wird, und die übrigen Miteigentümer ihm für eine bloss vorübergehende Beeinträchtigung Ersatz leisten und seinen Kostenanteil übernehmen.

Art. 648

6. Verfügung über die Sache

[1] Jeder Miteigentümer ist befugt, die Sache insoweit zu vertreten, zu gebrauchen und zu nutzen, als es mit den Rechten der andern verträglich ist.

[2] Zur Veräusserung oder Belastung der Sache sowie zur Veränderung ihrer Zweckbestimmung bedarf es der Übereinstimmung aller Miteigentümer, soweit diese nicht einstimmig eine andere Ordnung vereinbart haben.

[3] Bestehen Grundpfandrechte oder Grundlasten an Miteigentumsanteilen, so können die Miteigentümer die Sache selbst nicht mehr mit solchen Rechten belasten.

Art. 649

7. Tragung der Kosten und Lasten

[1] Die Verwaltungskosten, Steuern und anderen Lasten, die aus dem Miteigentum erwachsen oder auf der gemeinschaftlichen Sache ruhen, werden von den Miteigentümern, wo es nicht anders bestimmt ist, im Verhältnis ihrer Anteile getragen.

[2] Hat ein Miteigentümer solche Ausgaben über diesen Anteil hinaus getragen, so kann er von den andern nach dem gleichen Verhältnis Ersatz verlangen.

Art. 649a

8. Eintritt des Erwerbers eines Anteils

Die von den Miteigentümern vereinbarte Nutzungs- und Verwaltungsordnung und die von ihnen gefassten Verwaltungsbeschlüsse sowie die richterlichen Urteile und Verfügungen sind auch für den Rechtsnachfolger eines Miteigentümers und für den Erwerber eines dinglichen Rechtes an einem Miteigentumsanteil verbindlich.

Art. 649b

9. Ausschluss aus der Gemeinschaft a) Miteigentümer

[1] Der Miteigentümer kann durch richterliches Urteil aus der Gemeinschaft ausgeschlossen werden, wenn durch sein Verhalten oder das Verhalten von Personen, denen er den Gebrauch der Sache überlassen oder für die er einzustehen hat, Verpflich-

tungen gegenüber allen oder einzelnen Mitberechtigten so schwer verletzt werden, dass diesen die Fortsetzung der Gemeinschaft nicht zugemutet werden kann.

[2] Umfasst die Gemeinschaft nur zwei Miteigentümer, so steht jedem das Klagerecht zu; im übrigen bedarf es zur Klage, wenn nichts anderes vereinbart ist, der Ermächtigung durch einen Mehrheitsbeschluss aller Miteigentümer mit Ausnahme des Beklagten.

[3] Erkennt der Richter auf Ausschluss des Beklagten, so verurteilt er ihn zur Veräusserung seines Anteils und ordnet für den Fall, dass der Anteil nicht binnen der angesetzten Frist veräussert wird, dessen öffentliche Versteigerung nach den Vorschriften über die Zwangsverwertung von Grundstücken an unter Ausschluss der Bestimmungen über die Auflösung des Miteigentumsverhältnisses.

Art. 649c

Die Bestimmungen über den Ausschluss eines Miteigentümers sind auf den Nutzniesser und auf den Inhaber eines anderen dinglichen oder vorgemerkten persönlichen Nutzungsrechtes an einem Miteigentumsanteil sinngemäss anwendbar.

b) andere Berechtigte

Art. 650

[1] Jeder Miteigentümer hat das Recht, die Aufhebung des Miteigentums zu verlangen, wenn sie nicht durch ein Rechtsgeschäft, durch Aufteilung zu Stockwerkeigentum oder durch die Bestimmung der Sache für einen dauernden Zweck ausgeschlossen ist.

10. Aufhebung
a) Anspruch auf Teilung

[2] Die Aufhebung kann auf höchstens dreissig Jahre durch eine Vereinbarung ausgeschlossen werden, die für Grundstücke zu ihrer Gültigkeit der öffentlichen Beurkundung bedarf und im Grundbuch vorgemerkt werden kann.

[3] Die Aufhebung darf nicht zur Unzeit verlangt werden.

Art. 651 (unverändert)

[1] Die Aufhebung erfolgt durch körperliche Teilung, durch Verkauf aus freier Hand oder auf dem Wege der Versteigerung mit Teilung des Erlöses oder durch Übertragung der ganzen Sache

Art der Teilung

auf einen oder mehrere der Miteigentümer unter Auskauf der übrigen.

[2] Können sich die Miteigentümer über die Art der Aufhebung nicht einigen, so wird nach Anordnung des Richters die Sache körperlich geteilt oder, wenn dies ohne wesentliche Verminderung ihres Wertes nicht möglich ist, öffentlich oder unter den Miteigentümern versteigert.

[3] Mit der körperlichen Teilung kann bei ungleichen Teilen eine Ausgleichung der Teile in Geld verbunden werden.

Art. 655

A. Gegenstand

[1] Gegenstand des Grundeigentums sind die Grundstücke.

[2] Grundstücke im Sinne dieses Gesetzes sind:
1. die Liegenschaften,
2. die in das Grundbuch aufgenommenen selbständigen und dauernden Rechte,
3. die Bergwerke,
4. die Miteigentumsanteile an Grundstücken.

Art. 682

b) im Miteigentums- und im Baurechtsverhältnis

[1] Miteigentümer haben ein Vorkaufsrecht gegenüber einem jeden Nichtmiteigentümer, der einen Anteil erwirbt.

[2] Ein Vorkaufsrecht gegenüber jedem Erwerber haben auch der Eigentümer eines Grundstückes, das mit einem selbständigen und dauernden Baurecht belastet ist, an diesem Recht und der Inhaber dieses Rechts am belasteten Grundstück, soweit dieses durch die Ausübung seines Rechtes in Anspruch genommen wird.

[3] Vereinbarungen über die Aufhebung oder Änderung des Vorkaufsrechts bedürfen zu ihrer Gültigkeit der öffentlichen Beurkundung und können im Grundbuch vermerkt werden.

II

Die Bestimmungen des Zivilgesetzbuches über das Grundeigentum werden wie folgt ergänzt:

Dritter Abschnitt

Das Stockwerkeigentum

Art. 712a

[1] Stockwerkeigentum ist der Miteigentumsanteil an einem Grundstück, der dem Miteigentümer das Sonderrecht gibt, bestimmte Teile eines Gebäudes ausschliesslich zu benutzen und innen auszubauen.

A. Inhalt und Gegenstand
I. Inhalt

[2] Der Stockwerkeigentümer ist in der Verwaltung, Benutzung und baulichen Ausgestaltung seiner eigenen Räume frei, darf jedoch keinem anderen Stockwerkeigentümer die Ausübung des gleichen Rechtes erschweren und die gemeinschaftlichen Bauteile, Anlagen und Einrichtungen in keiner Weise beschädigen oder in ihrer Funktion und äusseren Erscheinung beeinträchtigen.

[3] Er ist verpflichtet, seine Räume so zu unterhalten, wie es zur Erhaltung des Gebäudes in einwandfreiem Zustand und gutem Aussehen erforderlich ist.

Art. 712b

[1] Gegenstand des Sonderrechts können einzelne Stockwerke oder Teile von Stockwerken sein, die als Wohnungen oder als Einheiten von Räumen zu geschäftlichen oder anderen Zwecken mit eigenem Zugang in sich abgeschlossen sein müssen, aber getrennte Nebenräume umfassen können.

II. Gegenstand

[2] Dem Stockwerkeigentümer können nicht zu Sonderrecht zugeschieden werden:

1. der Boden der Liegenschaft und das Baurecht, kraft dessen gegebenenfalls das Gebäude erstellt wird;
2. die Bauteile, die für den Bestand, die konstruktive Gliederung und Festigkeit des Gebäudes oder der Räume anderer Stockwerkeigentümer von Bedeutung sind oder die äussere Gestalt und das Aussehen des Gebäudes bestimmen;
3. die Anlagen und Einrichtungen, die auch den andern Stockwerkeigentümern für die Benutzung ihrer Räume dienen.

[3] Andere Bestandteile des Gebäudes können im Begründungsakt und in gleicher Form auch durch nachherige Vereinbarung der Stockwerkeigentümer als gemeinschaftlich erklärt werden;

ist dies nicht geschehen, so gilt die Vermutung, dass sie zu Sonderrecht ausgeschieden sind.

Art. 712c

III. Verfügung [1] Von Gesetzes wegen hat der Stockwerkeigentümer kein Vorkaufsrecht gegenüber jedem Dritten, der einen Anteil erwirbt, doch kann es im Begründungsakt oder durch nachherige Vereinbarung errichtet und im Grundbuch vorgemerkt werden.

[2] In gleicher Weise kann bestimmt werden, dass die Veräusserung eines Stockwerkes, dessen Belastung mit einer Nutzniessung oder einem Wohnrecht sowie die Vermietung nur rechtsgültig ist, wenn die übrigen Stockwerkeigentümer dagegen nicht auf Grund eines von ihnen gefassten Beschlusses binnen 14 Tagen seit der ihnen gemachten Mitteilung Einsprache erhoben haben.

[3] Die Einsprache ist unwirksam, wenn sie ohne wichtigen Grund erhoben worden ist, worüber auf Begehren des Einspruchsgegners der Richter im summarischen Verfahren entscheidet.

Art. 712d

B. Begründung und Untergang
I. Begründungsakt
[1] Das Stockwerkeigentum wird durch Eintragung im Grundbuch begründet.

[2] Die Eintragung kann verlangt werden:

1. auf Grund eines Vertrages der Miteigentümer über die Ausgestaltung ihrer Anteile zu Stockwerkeigentum;
2. auf Grund einer Erklärung des Eigentümers der Liegenschaft oder des Inhabers eines selbständigen und dauernden Baurechtes über die Bildung von Miteigentumsanteilen und deren Ausgestaltung zu Stockwerkeigentum.

[3] Das Rechtsgeschäft bedarf zu seiner Gültigkeit der öffentlichen Beurkundung oder, wenn es eine Verfügung von Todes wegen oder ein Erbteilungsvertrag ist, der im Erbrecht vorgeschriebenen Form.

Art. 712e

II. Wertquoten [1] Im Begründungsakt ist ausser der räumlichen Ausscheidung der Anteil eines jeden Stockwerkes in Hundertsteln oder Tausendsteln des Wertes der Liegenschaft oder des Baurechtes anzugeben.

[2] Änderungen der Wertquoten bedürfen der Zustimmung aller unmittelbar Beteiligten und der Genehmigung der Versammlung der Stockwerkeigentümer; doch hat jeder Stockwerkeigentümer Anspruch auf Berichtigung, wenn seine Quote aus Irrtum unrichtig festgesetzt wurde oder infolge von baulichen Veränderungen des Gebäudes oder seiner Umgebung unrichtig geworden ist.

Art. 712f

[1] Das Stockwerkeigentum endigt mit dem Untergang der Liegenschaft oder des Baurechtes und mit der Löschung im Grundbuch. III. Untergang

[2] Die Löschung kann auf Grund einer Aufhebungsvereinbarung und ohne solche von einem Stockwerkeigentümer, der alle Anteile in seiner Hand vereinigt, verlangt werden, bedarf jedoch der Zustimmung der an den einzelnen Stockwerken dinglich berechtigten Personen, deren Rechte nicht ohne Nachteil auf das ganze Grundstück übertragen werden können.

[3] Die Aufhebung kann von jedem Stockwerkeigentümer verlangt werden, wenn das Gebäude zu mehr als der Hälfte seines Wertes zerstört und der Wiederaufbau nicht ohne eine für ihn schwer tragbare Belastung durchführbar ist; doch können die Stockwerkeigentümer, welche die Gemeinschaft fortsetzen wollen, die Aufhebung durch Abfindung der übrigen abwenden.

Art. 712g

[1] Für die Zuständigkeit zu Verwaltungshandlungen und baulichen Massnahmen gelten die Bestimmungen über das Miteigentum. C. Verwaltung und Benutzung I. Die anwendbaren Bestimmungen

[2] Soweit diese Bestimmungen es nicht selber ausschliessen, können sie durch eine andere Ordnung ersetzt werden, jedoch nur im Begründungsakt oder mit einstimmigem Beschluss aller Stockwerkeigentümer.

[3] Im übrigen kann jeder Stockwerkeigentümer verlangen, dass ein Reglement über die Verwaltung und Benutzung aufgestellt und im Grundbuch angemerkt werde, das zu seiner Verbindlichkeit der Annahme durch Beschluss mit der Mehrheit der

Stockwerkeigentümer, die zugleich zu mehr als der Hälfte anteilsberechtigt ist, bedarf und mit dieser Mehrheit, auch wenn es im Begründungsvertrag aufgestellt worden ist, geändert werden kann.

Art. 712h

II. Gemeinschaftliche Kosten und Lasten

[1] Die Stockwerkeigentümer haben an die Lasten des gemeinschaftlichen Eigentums und an die Kosten der gemeinschaftlichen Verwaltung Beiträge nach Massgabe ihrer Wertquoten zu leisten.

1. Bestand und Verteilung

[2] Solche Lasten und Kosten sind namentlich:

1. die Auslagen für den laufenden Unterhalt, für Reparaturen und Erneuerungen der gemeinschaftlichen Teile des Grundstückes und Gebäudes sowie der gemeinschaftlichen Anlagen und Einrichtungen;
2. die Kosten der Verwaltungstätigkeit einschliesslich der Entschädigung des Verwalters;
3. die den Stockwerkeigentümern insgesamt auferlegten öffentlich-rechtlichen Beiträge und Steuern;
4. die Zins- und Amortisationszahlungen an Pfandgläubiger, denen die Liegenschaft haftet oder denen sich die Stockwerkeigentümer solidarisch verpflichtet haben.

[3] Dienen bestimmte gemeinschaftliche Bauteile, Anlagen oder Einrichtungen einzelnen Stockwerkeinheiten nicht oder nur in ganz geringem Masse, so ist dies bei der Verteilung der Kosten zu berücksichtigen.

Art. 712i

2. Haftung für Beiträge
a) Gesetzliches Pfandrecht

[1] Die Gemeinschaft hat für die auf die letzten drei Jahre entfallenden Beitragsforderungen Anspruch gegenüber jedem jeweiligen Stockwerkeigentümer auf Errichtung eines Pfandrechtes an dessen Anteil.

[2] Die Eintragung kann vom Verwalter oder, wenn ein solcher nicht bestellt ist, von jedem dazu durch Mehrheitsbeschluss oder durch den Richter ermächtigten Stockwerkeigentümer und vom Gläubiger, für den die Beitragsforderung gepfändet ist, verlangt werden.

[3] Im übrigen sind die Bestimmungen über die Errichtung des Bauhandwerkerpfandrechts sinngemäss anwendbar.

Art. 712k

Die Gemeinschaft hat für die auf die letzten drei Jahre entfallenden Beitragsforderungen an den beweglichen Sachen, die sich in den Räumen eines Stockwerkeigentümers befinden und zu deren Einrichtung oder Benutzung gehören, ein Retentionsrecht wie ein Vermieter.

b) Retentionsrecht

Art. 712l

[1] Unter ihrem eigenen Namen erwirbt die Gemeinschaft das sich aus ihrer Verwaltungstätigkeit ergebende Vermögen, wie namentlich die Beitragsforderungen und die aus ihnen erzielten verfügbaren Mittel, wie den Erneuerungsfonds.

[2] Die Gemeinschaft der Stockwerkeigentümer kann unter ihrem Namen klagen und betreiben sowie am Ort der gelegenen Sache beklagt und betrieben werden.

III. Handlungsfähigkeit der Gemeinschaft

Art. 712m

[1] Ausser den in andern Bestimmungen genannten hat die Versammlung der Stockwerkeigentümer insbesondere die folgenden Befugnisse:

D. Organisation
I. Versammlung der Stockwerkeigentümer
1. Zuständigkeit und rechtliche Stellung

1. in allen Verwaltungsangelegenheiten, die nicht dem Verwalter zustehen, zu entscheiden;

2. den Verwalter zu bestellen und die Aufsicht über dessen Tätigkeit zu führen;

3. einen Ausschuss oder einen Abgeordneten zu wählen, dem sie Verwaltungsangelegenheiten übertragen kann, wie namentlich die Aufgabe, dem Verwalter beratend zur Seite zu stehen, dessen Geschäftsführung zu prüfen und der Versammlung darüber Bericht zu erstatten und Antrag zu stellen;

4. jährlich den Kostenvoranschlag, die Rechnung und die Verteilung der Kosten unter den Eigentümern zu genehmigen;

5. über die Schaffung eines Erneuerungsfonds für Unterhalts- und Erneuerungsarbeiten zu befinden;

6. das Gebäude gegen Feuer und andere Gefahren zu versichern und die üblichen Haftpflichtversicherungen abzuschliessen, ferner den Stockwerkeigentümer, der seine Räume mit ausserordentlichen Aufwendungen baulich ausgestaltet hat, zur Leistung eines zusätzlichen Prämienanteils

zu verpflichten, wenn er nicht eine Zusatzversicherung auf eigene Rechnung abschliesst.

[2] Soweit das Gesetz nicht besondere Bestimmungen enthält, finden auf die Versammlung der Stockwerkeigentümer und auf den Ausschuss die Vorschriften über die Organe des Vereins und über die Anfechtung von Vereinsbeschlüssen Anwendung.

Art. 712n

2. Einberufung und Leitung

[1] Die Versammlung der Stockwerkeigentümer wird vom Verwalter einberufen und geleitet, wenn sie nicht anders beschlossen hat.

[2] Die Beschlüsse sind zu protokollieren, und das Protokoll ist vom Verwalter oder von dem den Vorsitz führenden Stockwerkeigentümer aufzubewahren.

Art. 712o

3. Ausübung des Stimmrechtes

[1] Mehrere Personen, denen ein Stockwerk gemeinschaftlich zusteht, haben nur eine Stimme, die sie durch einen Vertreter abgeben.

[2] Ebenso haben sich der Eigentümer und der Nutzniesser eines Stockwerkes über die Ausübung des Stimmrechtes zu verständigen, ansonst der Nutzniesser in allen Fragen der Verwaltung mit Ausnahme der bloss nützlichen oder der Verschönerung und Bequemlichkeit dienenden baulichen Massnahmen als stimmberechtigt gilt.

Art. 712p

4. Beschlussfähigkeit

[1] Die Versammlung der Stockwerkeigentümer ist beschlussfähig, wenn die Hälfte aller Stockwerkeigentümer, die zugleich zur Hälfte anteilsberechtigt ist, mindestens aber zwei Stockwerkeigentümer, anwesend oder vertreten sind.

[2] Für den Fall der ungenügenden Beteiligung ist eine zweite Versammlung einzuberufen, die nicht vor Ablauf von zehn Tagen seit der ersten stattfinden darf.

[3] Die zweite Versammlung ist beschlussfähig, wenn der dritte Teil aller Stockwerkeigentümer, mindestens aber zwei, anwesend oder vertreten sind.

Art. 712q

II. Der Verwalter
1. Bestellung

[1] Kommt die Bestellung des Verwalters durch die Versammlung der Stockwerkeigentümer nicht zustande, so kann jeder Stockwerkeigentümer die Ernennung des Verwalters durch den Richter verlangen.

[2] Das gleiche Recht steht auch demjenigen zu, der ein berechtigtes Interesse daran hat, wie dem Pfandgläubiger und dem Versicherer.

Art. 712r

2. Abberufung

[1] Durch Beschluss der Versammlung der Stockwerkeigentümer kann der Verwalter unter Vorbehalt allfälliger Entschädigungsansprüche jederzeit abberufen werden.

[2] Lehnt die Versammlung der Stockwerkeigentümer die Abberufung des Verwalters unter Missachtung wichtiger Gründe ab, so kann jeder Stockwerkeigentümer binnen Monatsfrist die richterliche Abberufung verlangen.

[3] Ein Verwalter, der vom Richter eingesetzt wurde, kann ohne dessen Bewilligung vor Ablauf der Zeit, für die er eingesetzt ist, nicht abberufen werden.

Art. 712s

3. Aufgaben
a) Ausführung
der Bestimmungen und
Beschlüsse über
die Verwaltung
und Benutzung

[1] Der Verwalter vollzieht alle Handlungen der gemeinschaftlichen Verwaltung gemäss den Vorschriften des Gesetzes und des Reglementes sowie gemäss den Beschlüssen der Versammlung der Stockwerkeigentümer und trifft von sich aus alle dringlichen Massnahmen zur Abwehr oder Beseitigung von Schädigungen.

[2] Er verteilt die gemeinschaftlichen Kosten und Lasten auf die einzelnen Stockwerkeigentümer, stellt ihnen Rechnung, zieht ihre Beiträge ein und besorgt die Verwaltung und bestimmungsgemässe Verwendung der vorhandenen Geldmittel.

[3] Er wacht darüber, dass in der Ausübung der Sonderrechte und in der Benutzung der gemeinschaftlichen Teile des Grundstückes und Gebäudes sowie der gemeinschaftlichen Einrichtungen die Vorschriften des Gesetzes, des Reglementes und der Hausordnung befolgt werden.

92

Art. 712t

b) Vertretung
nach aussen

[1] Der Verwalter vertritt in allen Angelegenheiten der gemeinschaftlichen Verwaltung, die in den Bereich seiner gesetzlichen Aufgaben fallen, sowohl die Gemeinschaft als auch die Stockwerkeigentümer nach aussen.

[2] Zur Führung eines anzuhebenden oder vom Gegner eingeleiteten Zivilprozesses bedarf der Verwalter ausserhalb des summarischen Verfahrens der vorgängigen Ermächtigung durch die Versammlung der Stockwerkeigentümer, unter Vorbehalt dringender Fälle, in denen die Ermächtigung nachgeholt werden kann.

[3] An die Stockwerkeigentümer insgesamt gerichtete Erklärungen, Aufforderungen, Urteile und Verfügungen können durch Zustellung an den Verwalter an seinem Wohnsitz oder am Ort der gelegenen Sache wirksam mitgeteilt werden.

III

Der Art. 943 des Zivilgesetzbuches wird wie folgt ergänzt:

Art. 943

2. Aufnahme
a) Gegenstand

[1] Als Grundstücke werden in das Grundbuch aufgenommen:
1. die Liegenschaften,
2. die selbständigen und dauernden Rechte an Grundstücken,
3. die Bergwerke,
4. die Miteigentumsanteile an Grundstücken.

[2] Über die Voraussetzungen und über die Art der Aufnahme der selbständigen und dauernden Rechte, der Bergwerke und der Miteigentumsanteile an Grundstücken setzt eine Verordnung des Bundesrates das Nähere fest.

IV

Die Anwendungs- und Einführungsbestimmungen im Schluss-
titel des Zivilgesetzbuches werden wie folgt geändert und
ergänzt:

Art. 20

[1] Die bestehenden Eigentumsrechte an Bäumen auf fremdem
Boden werden auch weiterhin nach kantonalem Recht anerkannt.
[2] Die Kantone sind befugt, diese Verhältnisse zu beschränken
oder aufzuheben.

IV. Besondere
Eigentumsrechte
1. Bäume auf
fremdem Boden

Art. 20bis

Das vom früheren kantonalen Recht beherrschte Stockwerkeigentum ist den neuen Vorschriften dieses Gesetzes unter-
stellt, auch wenn die Stockwerke oder Stockwerkteile nicht
als Wohnungen oder Geschäftsraumeinheiten in sich abgeschlossen sind.

2. Stockwerk-
eigentum
a) ursprüngliches

Art. 20ter

[1] Die Kantone können auch Stockwerkeigentum, das in For-
men des am 1. Januar 1912 in Kraft getretenen Rechtes in das
Grundbuch eingetragen worden ist, den neuen Vorschriften
über das Stockwerkeigentum unterstellen.
[2] Die Unterstellung wird wirksam mit der entsprechenden
Änderung der Einträge im Grundbuch.

b) umgewandel-
tes

Art. 20quater

Die Kantone können zur Durchführung der Unterstellung des
umgewandelten Stockwerkeigentums unter die neuen Vorschriften und zur Eintragung des bestehenden eigentlichen
Stockwerkeigentums die Bereinigung der Grundbücher anordnen und dafür besondere Verfahrensvorschriften erlassen.

c) Bereinigung
der Grundbücher

Art. 45

[1] Dingliche Rechte, die nach dem Grundbuchrecht nicht mehr
begründet werden können, wie Eigentum an Bäumen auf
fremdem Boden, Nutzungspfandrechte u.dgl., werden im

4. Behandlung
aufgehobener
Rechte

Grundbuch nicht eingetragen, sind aber in zweckdienlicher Weise anzumerken.

[2] Sind sie aus irgendwelchem Grunde untergegangen, so können sie nicht neu begründet werden.

Inkrafttreten   Das Gesetz trat am 1. Januar 1965 inkraft.

ANHANG III

Worauf ist vor dem Kauf einer Eigentumswohnung zu achten?

Vorwort

Rücksprachen mit Stockwerkeigentümern als Bewohner ihrer Eigentumswohnungen verschiedener Preislagen und verschiedener Landesgegenden ergeben auf die Frage, ob sie mit ihrer Eigentumswohnung zufrieden sind, ziemlich allgemein ein günstiges Ergebnis.

Natürlich fehlt es auch nicht an unzufriedenen und enttäuschten Stockwerkeigentümern, die kein Hehl aus ihrer Missstimmung machen und dadurch andere Interessenten für eine eigene Wohnung davon abhalten, eine solche zu erwerben.

Die Erfahrung zeigt, dass für diese Unzufriedenheit drei Hauptgründe verantwortlich sind, die indessen zu einem grossen Teil vermeidbar wären, sei es durch die Stockwerkeigentümer selbst, durch eine gute Verwaltung oder den Verkäufer der Wohnungen:

1. Es fehlte an einer sorgfältigen Vorbereitung für den Kauf der Eigentumswohnung, was ebenso wichtig ist wie für den Kauf eines Hauses.
2. Die Verwaltung ist ganz unbefriedigend, u.a. wegen Unfähigkeit des Verwalters für Organisation und Verwaltung, wegen mangelnder Fachausbildung und Erfahrung, wegen seines fehlenden Takts im Umgang mit Personen, wegen seines autoritären oder herablassenden Verhaltens im Kontakt mit den Stockwerkeigentümern.
3. Es herrschen Unstimmigkeiten unter den Stockwerkeigentümern, u.a. unter den Eigenheimbewohnern, jedoch insbesondere unter Stockwerkeigentümern, die ihre Wohnungen selbst bewohnen, und solchen, die ihre Wohnungen als Geldanlage benützen und dieselben vermieten, sowie solchen, die ihre Wohnung nur als Ferienwohnung selbst benützen und sie vorübergehend vermieten.

Ein Interessent für eine Eigentumswohnung sollte sich deshalb mit einer grösseren Anzahl von Fragen auseinandersetzen und diese abklären, bevor er sich zu einem Kauf entschliesst. Nur dadurch können allfällige spätere Enttäuschungen ganz oder wenigstens weitgehend vermieden werden.

Grundlegende Erfordernisse

Bevor sich ein Interessent auf die Wohnungssuche macht, sollte er sich über Inhalt und Wesen des Stockwerkeigentums genau informieren, sei es durch Studium von Fachliteratur, eingehende Erkundigungen bei zuverlässigen Stockwerkeigentümern oder durch Beratung bei einem Sachverständigen. Gleichzeitig gäbe es noch einige wichtige Punkte zu bedenken, nämlich:

Für den Erwerb einer Eigentumswohnung sollten nicht die ganzen Ersparnisse eingesetzt werden, auch wenn bei der Eigentumsübertragung oft nur 10–20% des Kaufpreises als Barzahlung verlangt werden.

Für die Höhe des finanziellen Einsatzes sind ferner zu berücksichtigen:

1. Einkommen (gesicherter Verdienst des Arbeiters, Angestellten, Selbständigerwerbenden),
2. berufliche Aussichten,
3. Versicherungen,
4. eigenes Alter und Gesundheit,
5. Zivilstand,
6. Grösse der Familie resp. Alter der Kinder.

Ferner ist zu beachten, dass die Wohnung im Falle einer Notlage oder bei allfälligem Nichtlängerbedarf nach einigen Jahren nicht unbedingt mit Gewinn oder wenigstens ohne Verlust verkauft werden kann. Die gute Verkäuflichkeit hängt weitgehend von der Lage auf dem Wohnungsmarkt und von einer Reihe von Faktoren ab, die seinerzeit von Belang für den eigenen Wohnungskauf waren oder hätten sein sollen.

Lage der Eigentumswohnung

Die Lage des Hauses bedarf einer Prüfung nach verschiedenen Gesichtspunkten.

1. Es muss abgeklärt werden:
   a) ob es sich um ein eigentliches Wohnquartier handelt mit nicht störenden gewerblichen Betrieben;
   b) ob in einem Quartier grössere Betriebe untergebracht sind, wegen der Immissionen (Lärm, Geruch);
   c) ob das Haus an einer ruhigen Strasse oder in der Nähe einer Durchgangsstrasse liegt.
2. Falls sich in der näheren Umgebung unüberbautes Gelände oder abbruchreife Gebäude befinden, empfiehlt es sich, Erkundigungen einzuziehen,

ob eine Überbauung demnächst stattfinden wird und wie die Bauordnung lautet.

3. Zu beachten sind ferner:
   a) nächstliegende Haltestelle eines öffentlichen Verkehrsmittels,
   b) Entfernung vom Arbeitsplatz,
   c) nächstliegende Einkaufsmöglichkeiten,
   d) eventuell Entfernung zur Schule.

Handelt es sich um einen Kauf nach Plänen, so wäre der Baugrund unter Umständen durch einen Fachmann prüfen zu lassen, falls keine Expertise vom Bauherrn vorgewiesen werden kann. Dies ist besonders bei Hanglage wichtig wegen allfälliger Rutschgefahr oder Hangwassereinbruchs.

Ausbau der Eigentumswohnung

Wichtiger Ausgangspunkt ist, sich über den Bauherrn resp. die Baufirma zu erkundigen, falls diese dem Interessenten unbekannt ist. Eine Bank oder ein Architekt kann u.a. zu Rate gezogen werden. Wohnungen in sogenannten Spekulationsbauten, auch wenn sie auf den ersten Blick noch so bestrickend zu wirken vermögen, bringen später meist manche Enttäuschungen, während sich sorgfältig geplante, zur Miete vorgesehene Wohnungen einer seriösen Baufirma gut als Eigentumswohnungen eignen können.

Vorerst muss festgestellt werden, ob es sich um ein reines Wohnhaus oder ein Wohn/Geschäftshaus handelt.

I. Neubauten

1. Hinsichtlich der Wohnungseinteilung ist darauf zu achten, dass
   a) Badezimmer und WC getrennt sind,
   b) bei grossen Wohnungen ein Schlaftrakt vorgesehen ist,
   c) genügend Abstellräume vorhanden sind, damit kein Zimmer geopfert werden muss,
   d) bei grösseren Wohnungen eventuell eine Unterteilungsmöglichkeit besteht (Einrichtung kleiner Wohnung z.B. für Eltern).
2. Als weitere Punkte von Belang wären zu vermerken:
   a) Kontrolle der Schallisolation (Luftschallisolation und Trittschallisolation), z.B. der Wohnungstrennwände, Wohnungstrenndecken sowie von

haustechnischen Installationen (u.a. bei Einzelanlagen: Küchenmaschinen, Bad und Lavabo hinsichtlich Ein- und Ablauf; bei Gemeinschaftsanlagen: Heizungen, Waschmaschinen und Zentrifugen, Wasser- und Abwasseranlagen. Eine Kontrolle kann durch die EMPA, Eidg. Materialprüfungsanstalt in Dübendorf oder durch Schallspezialisten vorgenommen werden.

b) Kontrolle der Wärmeisolation, z.B. durch einen Heizungstechniker oder Architekten,

c) Augenmerk auf Wand- und Bodenbeläge (wichtig wegen der Isolation),

d) Balkone oder eine Loggia ohne Einblicksmöglichkeit,

e) Lift bei 4 und mehr Geschossen,

f) bei Wohnung über Heizungsanlage Achtung wegen eventueller Vibration oder Immissionen.

II. Kauf nach Plänen

Bei einem Kauf nach Plänen ist neben den unter I. angegebenen Punkten den Bauplänen die nötige Beachtung zu schenken.

1. Anzahl und Verteilung der Stockwerke,
2. Aufriss (u.a. Höhe, Gefälligkeit der Fassade),
3. Grundriss Kellergeschoss und Estrich,
4. Grundriss des Geschosses, wo die gewünschte Wohnung liegt,
5. Grundriss der gewünschten Eigentumswohnung.
   Deren Bodenflächen sollten nachstehende Ausmasse aufweisen:
   2 1/2-Zimmer-Wohnung ca.   70– 80 m^2
   3 1/2-Zimmer-Wohnung ca.   80–100 m^2
   4 1/2-Zimmer-Wohnung ca.   90–120 m^2
   5 1/2-Zimmer-Wohnung ca. 120–150 m^2

Finanzieller Einsatz für die Eigentumswohnung

I. Kaufsbedingungen

Vor Eintreten auf Kaufs-Verhandlungen sollte der Interessent nach Abklärung vorerwähnter Punkte prüfen lassen, ob der Kaufpreis dem Wert der Eigentumswohnung entspricht, und sich ausserdem über die Zahlungsfähigkeit des Verkäufers erkundigen. Weiter gilt es zu beachten:

Einzugsbereite Wohnung

1. Zahlungsbedingungen:

   a) Muss eine Anzahlung bei Beurkundung des Kaufvertrags geleistet werden? Im bejahenden Falle hat der Käufer auf deren Sicherstellung zu bestehen (z.b. Hinterlegung des Betrages bci einer Bank). Fällt der Verkäufer nämlich in Konkurs, so bleibt dem Käufer für seine Anzahlung eine nicht privilegierte Forderung.

   b) Wie hoch ist die Barbezahlung bei Übertragung der Eigentumswohnung? Gewisse Banken gewähren Darlehen bis zu 90% bei Vorliegen bestimmter Bedingungen.

2. Hypotheken:

   Mit welcher Bank hat der Verkäufer Abmachungen getroffen betreffend Übernahme von Wohnungshypotheken und zu welchen Bedingungen, u.a. hinsichtlich Amortisation der 2. Hypothek, z.B. in festen Raten oder Annuitäten (Summe von Zins und Abzahlung)?

3. Grundstückgewinnsteuer:

   Betreffend dieser Steuer ist es nicht ausreichend, dass der Verkäufer dieselbe im Kaufvertrag übernimmt. Die mutmassliche Summe (am besten Information darüber bei der zuständigen Steuerbehörde) muss auch sichergestellt sein bei einer Bank oder direkt bei der zuständigen Steuerbehörde. Falls der Verkäufer in Konkurs kommen sollte, muss der neue Eigentümer der Liegenschaft resp. Eigentumswohnung für die Forderung aufkommen. Das Grundstück haftet für die Forderung wegen des gesetzlichen Grundpfandes.

4. Bauhandwerkerpfandrecht:

   Auch dieses kann dem neuen Erwerber zum Verhängnis werden. Bezahlt der Unternehmer nicht die Forderung der Baugläubiger, so muss der neue Erwerber der Eigentumswohnung im Verhältnis zu seiner Wertquote für den geforderten Betrag aufkommen, um sich der Zwangsversteigerung seiner Wohnung zu entziehen. Am besten ist es, mit dem Kaufabschluss bis 3 Monate nach Fertigstellung der Baute zuzuwarten, da dann kein Bauhandwerkerpfandrecht mehr im Grundbuch eingetragen werden kann.

Kauf nach Plänen

Bei einem Kauf nach Plänen sind in der Regel Ratenzahlungen gemäss dem Baufortschritt zu erbringen, z.B.

1. Anzahlung bei Abschluss des Kaufvertrages,
2. Anzahlung bei Rohbauvollendung,
3. Anzahlung bei Beendigung der Gipserarbeiten,
4. Restzahlung bei Einzugsbereitschaft resp. Übertragung der Eigentumswohnung auf den Käufer.

Für die Sicherstellung dieser Leistungen ist es wichtig, die Anzahlungen auf das Baukonto der Bank einzubezahlen, welche den Baukredit gewährte. Über dieses Konto darf der Bauherr nur zur Bezahlung der Bauhandwerker und für Materialablieferungen verfügen.

II. Wohngeld

Wichtig ist, dass der Kaufinteressent sich nicht nur mit der finanziellen Seite des Erwerbs seiner Eigentumswohnung befasst, sondern auch mit den jährlichen finanziellen Leistungen des Stockwerkeigentümers an die Kosten des gemeinschaftlichen Eigentums – in der ungefähren Höhe seiner Wertquote –, was vielfach nicht beachtet oder dann unterschätzt wird. Dieses sogenannte Wohngeld beträgt auf alle Fälle anfänglich ungefähr ebensoviel wie der Mietzins für eine gleichwertige Wohnung, mit dem Unterschied allerdings, dass davon ein gewisser Betrag, nämlich die Amortisation der Hypotheken, eine Geldanlage darstellt. Das Wohngeld sollte nicht mehr als einen Drittel des Gehalts ausmachen.

Das Wohngeld setzt sich u.a. aus nachstehenden Posten zusammen:

– Abgaben und Gebühren
– Prämien für Versicherungen
– Einlagen in den Fonds
– Kosten für laufenden Unterhalt und für den Betrieb der Anlagen
– Honorar für den Verwalter.

Ein ungefährer Kostenvoranschlag für die gemeinschaftlichen Kosten resp. das Wohngeld sollte vom Verkäufer verlangt werden.

Nicht zu vernachlässigen:
Begründungsakt — Reglement — Verwaltungsvertrag

Es sollte unbedingt Einsicht genommen werden:

1. in den Begründungsakt, u.a. zur Feststellung der Wertquote, Abweichungen vom Gesetz hinsichtlich Art der Beschlussfassung (allfällige Aufhebung des Kopfstimmrechts), Errichtung des Vorkaufsrechts. Es könnten dort auch Rechte zugunsten eines anderen Stockwerkeigentümers vermerkt sein, die sich nicht im Reglement befinden.
2. in das Reglement (Nutzungs- und Gebrauchsordnung), welchem unverständlicherweise immer noch viel zu wenig Beachtung geschenkt wird. Durch dessen eingehendes Studium erhält man einen guten Überblick über die Ausgestaltung des Zusammenlebens mit den anderen Stockwerkeigentümern. Besonders wichtig sind die Bestimmungen über Rechte und Pflichten, über das Stimmrecht und die Art der Änderung von Bestimmungen des Reglements.
3. in den Verwaltungsvertrag zur Kenntnisnahme, mit welcher Firma, welchem Büro oder Verwalter dieser abgeschlossen wurde, zur Feststellung ihrer Kompetenzen und ihres Honorars.

Besonderes Anliegen

Wer besonderen Wert auf eine Stockwerkeigentümer-Gemeinschaft mit Eigenheimbewohnern legt, muss versuchen, über den Bauherrn, wenn gleichzeitig Verkäufer, oder die Verkaufsagentur Informationen zu erhalten, ob eine gewisse Selektion der Kaufinteressenten getroffen wird oder ob jeder Interessent, der eine bestimmte Wohnung kaufen will und die finanzielle Sicherheit bietet, in Frage kommt.

Ferner sollte man sich vom Verkäufer bestätigen lassen, soweit das möglich ist, dass Eigenheimbewohner bevorzugt und alle Wohnungen, sofern sich Interessenten finden, verkauft werden.

Sind Wohnungen bereits verkauft, so lohnt es sich, besonders bei kleineren Stockwerkeigentümer-Gemeinschaften, ausfindig zu machen, wer die anderen Käufer resp. Stockwerkeigentümer sind. Dies gilt nicht nur für neu erstellte, sondern auch bereits bewohnte Wohnungen, wobei man sich auf allfällige Aussagen über die Wohnqualität der früheren Inhaber oder Mieter der betreffenden Wohnung nicht allzu fest abstützen sollte.

Nachwort

Die Aufzählung der vielen Punkte, die für den Kauf einer Eigentumswohnung abzuklären sind resp. empfohlen wird, abzuklären, mögen auf manchen Wohnungsinteressenten zuerst fast abschreckend wirken, ihm den Mut nehmen, ein solches Unternehmen zu wagen. Dazu sei vermerkt, dass der grösste Teil der aufgeworfenen Fragen und Überlegungen auch von einem Interessenten für den Kauf eines Ein- oder Mehrfamilienhauses beachtet werden muss.

Der Erwerb einer Eigentumswohnung stellt für viele eine grosse finanzielle Aufwendung dar und sollte deshalb die Erwartungen, welche man an ein Eigenheim stellt, weitgehend erfüllen. Aus diesen Gründen muss dringend angeraten werden, die nötige Sorgfalt beim Kauf einer Eigentumswohnung walten zu lassen.

SACHREGISTER

Z